# JUAN GRIEGO ILUSTRADO
## CON TRADUCCIÓN AL ESPAÑOL

# ILLUSTRATED JOHN IN GREEK
## WITH SPANISH TRANSLATION

# JUAN GRIEGO ILUSTRADO
## CON TRADUCCIÓN AL ESPAÑOL

ALBERTO I. BONILLA-GIOVANETTI

BASED UPON *ILLUSTRATED JOHN IN GREEK*
BY FREDRICK J. LONG AND T. MICHAEL W. HALCOMB

GlossaHouse
Wilmore, KY
www.GlossaHouse.com

*Juan Griego Ilustrado con Traducción al Español*
*Illustrated John in Greek with Spanish Translation*
Copyright © 2023 by GlossaHouse, LLC

All rights reserved. No part of this work may be reproduced or transmitted in any form or by any means, electronic or mechanical, including photocopying and recording, or by means of any information storage or retrieval system, except as may be expressly permitted by the 1976 Copyright Act or in writing from the publisher. Requests for permission should be addressed in writing to the following:

GlossaHouse, LLC
110 Callis Circle
Wilmore, KY 40390

Bible. John. Greek. 2010.
    Juan Griego Ilustrado con Traducción al Español (Illustrated John in Greek with Spanish Translation); GlossaHouse Illustrated Biblical Texts / trans. by Alberto I. Bonilla-Giovanetti; original typeset by Fredrick J. Long, T. Michael W. Halcomb, [Keith R. Neely, illustrator].– Wilmore, KY : GlossaHouse, [©2023].

xviii, 88 pages : color illustrations ; 28 cm. – (GlossaHouse Illustrated Biblical Texts. Bible)

Summary: The Greek text of the Gospel of John is set within colorful illustrations to represent narration, dialogue, monologue, and scripture quotations, combined with a new Spanish Translation. Text in Spanish, English, and Koinē Greek.

Library of Congress Control Number: 2023940600
ISBN: 978-1-63663-053-3 (pb)
1. Bible. John – Cartoons and comics. I. Bonilla-Giovanetti, Alberto I. II. Long, Fredrick J., 1966- III. Halcomb, T. Michael W. IV. Neely, Keith R., 1943- V. Title. VI. Series. VII. Bible. John. Spanish. 2023.

SBLGNT is the *The Greek New Testament: SBL Edition*. Copyright 2010 Society of Biblical Literature and Logos Bible Software [ISBN 978-1-58983-535-1]. The SBLGNT text can be found on-line at http://sblgnt.com. Information about the "Society of Biblical Literature" can be found at http://sbl-site.org and "Logos Bible Software" at http://logos.com.

The Spanish translation of John used here is original and made in consultation with the English translation created by T. Michael W. Halcomb and Fredrick J. Long.

The fonts used to create this work are available from linguistsoftware.com/lgku.htm.
Illustrations and general illustration layout Copyright © 2006 Neely Publishing LLC.

Cover Design by T. Michael W. Halcomb
Book Design by T. Michael W. Halcomb and Fredrick J. Long,
Cover Illustration Design by Keith R. Neely

*Que esta edición del Evangelio de Juan sea
de bendición para cada lector y que la comunión
por el Espíritu con el Padre y el Hijo les llene de gozo.
(1 Juan 1:3–4)*

# AGROS

ACCESSIBLE GREEK RESOURCES AND ONLINE STUDIES

SERIES EDITORS

T. Michael W. Halcomb					Fredrick J. Long

# AGROS

The Greek word ἀγρός is a field where seeds are planted and growth occurs. It can also denote a small village or community that forms around such a field. The type of community envisioned here is one that attends to Holy Scripture, particularly one that encourages the use of biblical Greek. Accessible Greek Resources and Online Studies (AGROS) is a tiered curriculum suite featuring innovative readers, grammars, specialized studies, and other exegetical resources to encourage and foster the exegetical use of biblical Greek. The goal of AGROS is to facilitate the creation and publication of innovative and affordable print and digital resources for the exposition of Scripture within the context of the global church. The AGROS curriculum includes five tiers, and each tier is indicated on the book's cover: Tier 1 (Beginning I), Tier 2 (Beginning II), Tier 3 (Intermediate I), Tier 4 (Intermediate II), and Tier 5 (Advanced). There are also two resource tracks: Conversational and Translational. Both involve intensive study of morphology, grammar, syntax, and discourse features. The conversational track specifically values the spoken word, and the enhanced learning associated with speaking a language in actual conversation. The translational track values the written word, and encourages analytical study to aid in understanding and translating biblical Greek and other Greek literature. The two resource tracks complement one another and can be pursued independently or together.

GLOSSAHOUSE ILLUSTRATED BIBLICAL TEXTS

# TABLE OF CONTENTS

Introducción — x

## ΚΑΤΑ ΙΩΑΝΝΗΝ (Según Juan)

| | |
|---|---|
| Κεφ. Α´ (Ch. 1) | 2 |
| Κεφ. Β´ (Ch. 2) | 7 |
| Κεφ. Γ´ (Ch. 3) | 10 |
| Κεφ. Δ´ (Ch. 4) | 13 |
| Κεφ. Ε´ (Ch. 5) | 18 |
| Κεφ. F´ (Ch. 6) | 22 |
| Κεφ. Ζ´ (Ch. 7) | 29 |
| Κεφ. Η´ (Ch. 8) | 34 |
| Κεφ. Θ´ (Ch. 9) | 41 |
| Κεφ. Ι´ (Ch. 10) | 45 |
| Κεφ. ΙΑ´ (Ch. 11) | 49 |
| Κεφ. ΙΒ´ (Ch. 12) | 54 |
| Κεφ. ΙΓ´ (Ch. 13) | 59 |
| Κεφ. ΙΔ´ (Ch. 14) | 63 |
| Κεφ. ΙΕ´ (Ch. 15) | 65 |
| Κεφ. ΙF´ (Ch. 16) | 66 |
| Κεφ. ΙΖ´ (Ch. 17) | 68 |
| Κεφ. ΙΗ´ (Ch. 18) | 69 |
| Κεφ. ΙΘ´ (Ch. 19) | 74 |
| Κεφ. Κ´ (Ch. 20) | 80 |
| Κεφ. ΚΑ´ (Ch. 21) | 84 |

# Introducción

*Síntesis de la Historia de la Biblia en Español y Espectro de las Traducciones Modernas*

¿Para qué otra traducción del Evangelio de Juan en español? ¿Acaso no hay disponibles ya muchas traducciones modernas? Quizás sí haya una gran variedad de traducciones de los textos bíblicos a la lengua española, pero hay algo que nos ha enseñado la historia de las traducciones españolas de la Biblia—este proceso de aprendizaje y comunicación a nuevas audiencias nunca acaba.

La historia de la Biblia en español se remonta a los proyectos increíbles de la Edad Media y la era después de la Reforma Protestante, a la que las subsiguientes traducciones modernas le deben su aprecio. Hay muchísimo que se podría decir sobre la historia de la Biblia en español, pero este recuento debe ser breve.[1] Tocaremos la historia de la *Versión Reina-Valera* y versiones contemporáneas (a partir del siglo veinte).

La primera Biblia (Antiguo Testamento [AT]) impresa, hecha por judíos conocedores del hebreo, fue la *Biblia de Ferrara* (1553). Esta traducción fue la base de muchos esfuerzos subsiguientes.[2] El trabajo de los traductores de la *Biblia de Ferrara* sirvió de guía para el trabajo de Casiodoro de Reina en su celebre *Biblia del Oso* (1569). Esta Biblia, a su vez, fue la primera Biblia en español que incluía el Antiguo y el Nuevo Testamento (NT). Esta fue traducida del griego, latín, alemán (de Lutero), un poco de hebreo, y con la ayuda del trabajo español de la *Biblia de Ferrara*. Reina trabajó fuertemente, en medio de dificultades económicas, pocos recursos, viajes prolongados a lo largo de Europa, y de persecución religiosa de la época (pues él era protestante), para producir una traducción completa de la Biblia en español. Una nota interesante del trabajo y las dificultades de Reina fue que él tenía asignado hacer la traducción del AT y un compañero en la traducción, Juan Pérez de Pineda, iba a proveer una traducción del griego del NT. Pero Pérez de Pineda murió antes de poder entregar su trabajo a la imprenta—es más, su trabajo fue destruido por opositores a esta traducción. Por lo tanto, Reina tuvo que hacer con rapidez una traducción del NT para poder publicarla con su texto del AT. Una vez Reina terminó la traducción del NT, la Biblia de Reina fue impresa en 1569 en Basilea, Suiza. Después de este trabajo, Cipriano de Valera se encargó de revisar y de publicar su revisión del trabajo de Reina, empezando con el NT (1596), y terminando con la Biblia completa (1602). Valera siempre reconoce a Reina como el traductor original y se denomina a sí mismo como el editor y revisor del trabajo de Reina. En resumen, estos son algunos de los hechos que llevaron a la realización de la *Versión Reina-Valera*.[3]

---

[1] Véase Otto Carrasquero Martínez, "Las Versiones Castellanas De La Biblia," *RevistB* 53 (1991): 35–118; Jane Atkins Vásquez, *La Biblia En Español: Cómo Nos Llegó*, Conozca su Biblia (Minneapolis: Augsburg Fortress, 2009).

[2] Carrasquero, "Las Versiones," 47–50.

[3] Para detalles sobre las vidas de Reina y Valera, y su labor en la traducción y edición de esta versión, véase Jorge A. González, "Las Traducciones de Reina y Valera," en Atkins-Vásquez, *La Biblia En Español*, 85–103; Para un resumen sobre esta traducción y especialmente información de publicaciones, véase Carrasquero, "Las Versiones," 50–52, 88.

En cuanto a las versiones más modernas, hay varias.[4] Antes del siglo veinte, las traducciones castellanas más comunes eran la *Reina-Valera*, la de *Torres-Amat*, y quizás también la de *Pratt*, la segunda siendo una versión popular en círculos católicos y la ultima siendo una versión un tanto ecuménica de un traductor norteamericano.[5] La versión de Eloíno Nácar (AT) y de Alberto Colunga (NT) fue una versión muy popular en el siglo veinte, después de su publicación como la versión *Nácar-Colunga* en 1944.[6] Otra traducción muy conocida y respetada en ámbitos académicos y eclesiales es la *Biblia de Jerusalén* (1976), basada en su versión francesa del equipo de académicos bíblicos de la Escuela Bíblica y Arqueológica de Jerusalén.[7] Estas ultimas dos son más comúnmente utilizadas en medios católicos, aunque la *Biblia de Jerusalén* es también utilizada por académicos protestantes. Específicamente entre protestantes, algunas de las traducciones modernas más leídas son las revisiones de la *Versión Reina-Valera*, *Dios Habla Hoy* y *La Biblia de las Américas*.[8] *La Biblia de las Américas* (1986) se autodenomina como una traducción que hizo especial énfasis en seguir de cerca los textos en las lenguas originales, y también en seguir la gramática y la sintaxis del español de la manera más natural posible. En estos aspectos, se dice que se parece a la traducción del inglés *New Revised Standard Version*.[9] Por otro lado, la versión *Dios Habla Hoy* (1979) es más libre en su traducción, enfatizando el uso de un lenguaje más moderno y más en línea con el español Latinoamericano. Esta edición tiene la peculiaridad en que las Sociedades Bíblicas Unidas publicaron una edición católica con los libros deuterocanónicos/apócrifos y una edición protestante sin estos libros.[10] Por ultimo, la *Versión Reina-Valera* ha disfrutado de muchísimas ediciones en los últimos años, incluyendo 1960 (posiblemente la Biblia más conocida entre evangélicos en Latinoamérica), 1977, 1995, 2011 y 2015. Estas nuevas ediciones fueron producidas con el propósito de actualizar su lenguaje y así poder ser accesible a una mayor audiencia.[11] La tradición y prestigio de la *Versión Reina-Valera* entre los protestantes hispanohablantes puede remontarse al origen protestante de Reina y de Valera, además del precioso español de esta versión en sus diferentes ediciones, sirviendo como una obra importante en la historia de la lengua española.[12]

*Teoría de Traducción y Decisiones de esta Traducción*

Las traducciones bíblicas disponibles en español tienden a caer en el espectro entre las más literales y las más dinámicas. Estas dos filosofías de traducción tienen su función positiva y son importantes para sus propósitos. Las más dinámicas que siguen la filosofía de la "equivalencia

---

[4] Véase una lista ejemplar en www.biblegateway.com.
[5] Carrasquero, "Las Versiones," 56–60.
[6] Carrasquero, "Las Versiones," 61–62.
[7] Carrasquero, "Las Versiones," 72–73.
[8] Carrasquero, "Las Versiones," 84–89.
[9] Carrasquero, "Las Versiones," 84–85.
[10] Carrasquero, "Las Versiones," 86–87.
[11] Vea la información sobre cada edición presente en la pagina web: https://www.biblegateway.com/.
[12] Atkins-Vásquez, *La Biblia En Español*, 145–46.

funcional" son las que buscan "preservar *la idea* de un texto fuente sin necesariamente estar atado a la *forma* del texto fuente."[13] La ventaja de estas traducciones es que son hechas por personas que han estudiado los pasajes bíblicos muy detenidamente y hacen su mejor esfuerzo para transmitir las ideas que el texto bíblico está comunicando en griego o en hebreo de una manera común para una audiencia moderna. Esto facilita al lector que podría tener dificultades con frases, ideas, modismos, y otros asuntos lingüísticos y a veces culturales de la Biblia. Una desventaja de la equivalencia formal es que un lector no siempre puede discernir fácilmente qué palabras griegas o hebreas están detrás de la traducción, y así depende mucho del trabajo interpretativo de los traductores. Estas traducciones tienden a ser más útiles para momentos devocionales, la predicación u otras situaciones donde no es tan imperativo tener una atención minuciosa de cada detalle del texto bíblico. Algunas traducciones modernas y populares en español que tienden a seguir esta filosofía de traducción son *Dios Habla Hoy* (DHH), *Nueva Traducción Viviente* (NTV) y la *Nueva Versión Internacional* (NVI).[14]

Si las traducciones que siguen la "equivalencia funcional" enfatizan la idea presente en el texto por encima de la forma por la cual es comunicada, las traducciones que siguen la filosofía de la "equivalencia formal" tratan de seguir más a la forma del texto. Esto es, "la teoría de equivalencia formal busca encontrar una palabra en el idioma destinatario [en este contexto, el español] que es equivalente funcionalmente a cada palabra en el texto fuente y preservar, lo más posible, las formas presentes en el texto fuente."[15] Estas traducciones intentan seguir el mismo orden de las palabras que se ven en el texto griego o hebreo (la sintaxis), tratan de traducir modismos y dichos de la manera más literal posible (siempre y cuando se entienda en el idioma destinatario) y buscan transmitir el mensaje original a través de la forma además del contenido. Una desventaja de las traducciones que siguen la equivalencia formal es que a veces el deseo de mantener la forma del texto original (además del contenido) sacrifica la comprensión en español del pasaje. Una ventaja es que las traducciones que son más cercanas a la "equivalencia formal" pueden ser más útiles para el estudio bíblico, especialmente cuando se está mirando el texto en detalle en la traducción española, e incluso si se está utilizando juntamente con los textos griegos o hebreos. Entre las traducciones modernas y populares en español que siguen esta filosofía están las diferentes ediciones de la *Versión Reina-Valera* (RVR), la *Biblia de Jerusalén* (BJ) y la *Biblia de las Américas* (LBLA).[16]

Esta traducción del Evangelio de Juan sigue una filosofía más cercana a la "equivalencia formal," aunque cuando la traducción no se entiende bien en español por ser demasiado literal, emplea la filosofía de "equivalencia funcional." Esto es algo que, al fin y al cabo, todas las traducciones tienen que hacer hasta cierto punto para poder comunicar el mensaje bíblico. El intento de seguir la

---

[13]Craig A. Smith, "Translation of the Bible, Theories of," *The Lexham Bible Dictionary* (Bellingham, WA: Lexham Press, 2016), bajo "Functional Equivalence." Traducción mía.

[14]Para más información sobre DHH, NTV, y NVI, véase sus paginas en https://www.biblegateway.com/.

[15]Smith, "Translation," bajo "Formal Equivalence." Traducción mía.

[16]Para más información sobre RVR y LBLA, véase sus páginas en https://www.biblegateway.com/. Para más información sobre la BJ, véase https://www.edesclee.com/biblia-online.

"equivalencia formal" se basa en el principio de que la "elección implica significado."[17] Entonces, según yo haya podido, traduje tratando de imitar en español lo que el griego del Evangelio de Juan refleja, pues las elecciones de la sintaxis, las palabras, los tiempos verbales, y otras construcciones lingüísticas (esto es, la forma del texto) también comunica el significado del texto. En fin, trato de producir un tipo de español helénico o helenizado. Esto no sugiere que hay grandes misterios presentes en el griego de Juan, sino que puede haber sutilezas que se pierden en una traducción que sacrifique la forma para comunicar el mensaje en español.[18] De seguro habrá lectores que piensen que mi traducción es demasiado literal, especialmente en la sintaxis. Sin embargo, mi propósito ha sido instar a los lectores a que sientan que están cruzando las fronteras entre el griego y el español cuando pasan del texto griego a mi traducción y de vuelta al texto griego. La idea es que el lector pueda sentirse un tanto incomodo y comprenda (de una manera nueva) a través de esta traducción que Juan escribió de una forma diferente a la que los hispanohablantes estamos acostumbrados.

Cabe recordar que quienes lean y estudien el Evangelio de Juan usando este recurso están alentados a analizar el texto griego directamente y comparar con esta traducción y llegar a sus propias conclusiones exegéticas y de traducción. Las decisiones de traducción más importantes que yo tomé son:

*Léxica*

1. Un tema importante en esta traducción es la variación léxica cuando es posible. Esto significa que, si una palabra griega es utilizada en dos formas diferentes en un mismo pasaje, trato de mantener la misma traducción en español. Pero se debe entender que la palabra tiene diferentes interpretaciones dependiendo del contexto (por ejemplo, el uso de πνεῦμα en Juan 3, traducido como "espíritu" a lo largo del pasaje, pero que se debe entender como "viento" en algunos versículos). Por otro lado, trato de usar palabras diferentes en español para palabras griegas que son un tanto sinónimas (por ejemplo, distinguir entre ῥῆμα [usualmente traducido "dicho"] y λόγος [usualmente traducido "palabra"]).

2. La palabra μαθητής (tradicionalmente "discípulo") la traduzco como "estudiante" para enfatizar la labor y el puesto de los seguidores de Jesús.[19] Esta es una forma de actualizar el lenguaje y recordar un poco el contexto histórico de los seguidores de Jesús y de Juan.

3. Basado en el trabajo del Dr. Benjamin J. Snyder, yo traduzco la palabra βαπτίζω y sus cognados con palabras relacionadas con "sumergir."[20] Él argumenta que con palabras como

---

[17] Steven Runge, *The Lexham Discourse Greek New Testament: Introduction*, Lexham Bible Reference Series (Logos Research Systems, Inc., 2008), bajo "Introduction." Traducción mía.

[18] Los lectores que hablan más de un idioma pueden entender, aunque sea intuitivamente, que hay diferencias sutiles en como uno expresa la misma idea en un idioma en vez de otro. El mensaje puede ser esencialmente el mismo, pero siempre se encuentran diferencias en la forma del comunicado dependiendo de las peculiaridades de cada idioma.

[19] Cf. Alfredo Tuggy, *Léxico griego-español del Nuevo Testamento* (El Paso, TX: Editorial Mundo Hispano, 1996), "μαθητής" A. y BDAG, "μαθητής" 1 y 2ba.

[20] Benjamin J. Snyder, "Technical Term or Technical Foul?: Βαπτίζω (*Baptizō*) and the Problem of Transliteration as Translation," *Stone-Campbell Journal* 21.1 (2018): 91–113.

βαπτίζω, las cuales tienen tanto bagaje teológico e histórico, es mejor traducirlas de tal manera que se entienda su significado básico y no basado en sus usos subsiguientes en la historia ni que sea simplemente transliterada. Por el contrario, si una palabra es transliterada del hebreo o arameo al griego (por ejemplo, Ῥαββί, σάββατον, o ἀμήν), lo mantengo así en la traducción española. Pero, si es una palabra griega que viene a ser transliterada al español comúnmente, como βαπτίζω o Χριστός, lo traduzco al español (éste ultimo como "Ungido").

4. La palabra μονογενής, usualmente traducida "unigénito" o "único" (véase Juan 3:16 en RVR1960, NBLA, DHH, y LPH, por ejemplo), es notablemente difícil de traducir y de entender.[21] La palabra es interpretada en el léxico BDAG como, "refiriéndose a ser el único en su clase dentro de una relación especifica" o "siendo el único de su tipo o clase."[22] El léxico de LSJ concuerda que el uso general en el griego clásico también se refiere a ser "único" o "uno."[23] El léxico de Louw y Nida también hablan de una traducción similar de "único," refiriéndose a único en clase, no necesariamente en numero, citando el ejemplo de Hebreos 11:17, en donde Isaac es descrito como el hijo μονογενής de Abraham, a pesar de que Abraham ya tenía a su hijo Ismael.[24] Por esto yo trato de enfatizar que Jesús es Único en clase en los pasajes donde Juan usa μονογενής, no necesariamente en número. No voy a elaborar más en las posibles controversias teológicas que esto implicaría (que el lector estudie el libro de Juan y llegue a sus propias conclusiones), pero este es el sentido básico y general de μονογενής.

5. El español no tiene una palabra de genero neutro gramatical que equivalga a "hijos." El griego sí, y a veces los autores usan ὁ υἱός (una palabra masculina) y otras veces usan τό τέκνον (una palabra neutra). Esta segunda se asemeja a "children" o "child" en inglés. El lector debería notar el griego cada vez que está la traducción de "hijo(s)" y discernir si habla de hijos masculinos o hijos en general (masculinos y femeninos). Tomando esto en cuenta, a pesar de que esta traducción no utiliza lenguaje inclusivo para referencias generales que podrían dirigirse a hombres y mujeres, el contexto del texto ayudará a entender que en muchos momentos el uso general masculino es inclusivo de las mujeres también (como en español). Por ejemplo, Juan 4:13–14 utiliza lenguaje masculino para referirse a quienes tomarán del agua viviente, pero la mujer samaritana en 4:15 y luego en la historia acepta el mensaje de Jesús y lo proclama a los demás samaritanos.

6. Yo hago distinción, al igual que algunas traducciones modernas, entre φιλέω (que traduzco como "yo quiero") y ἀγαπάω (que traduzco como "yo amo").

---

[21] Para un resumen de la discusión lingüística de μονογενής en la literatura en inglés, véase Dale Moody, "God's Only Son: The Translation of John 3:16 in the Revised Standard Version," *JBL* 72.4 (1953): 213–19; R. L. Roberts, "The Rendering 'Only Begotten' in John 3:16," *ResQ* 16.1 (1973): 2–22.

[22] "μονογενής" en BDAG 1 y 2 (mi traducción). Cf. Tuggy, *Léxico*, "μονογενής," que lo traduce como "Único."

[23] "μονογενής" en LSJ 1 y 2.

[24] "μονογενής" en L&N.

7. Hago distinción entre la palabra δοῦλος (traducida "esclavo") y la palabra διάκονος (traducida "siervo").[25]

8. Cuando el contexto amerita, traduzco ἄνθρωπος como "persona" o "gente" para diferenciar esta palabra general con ἀνήρ, la cual se refiere a un hombre propiamente. Las únicas dos excepciones son con "el Hijo del Hombre" (por ejemplo, 13:31 ὁ υἱὸς τοῦ ἀνθρώπου) y con respecto a la circuncisión (7:22–23).

9. Decidí seguir el trabajo de Fredrick J. Long y T. Michael W. Halcomb y traducir "Galilea" como "la Galilea" para que se asemeje a como se decía en el primer siglo, y también decir "los oficiales judíos" en lugar de simplemente los "judíos" o "los de Judea" para describir a los oponentes de Jesús en Juan.[26]

*La sintaxis y los verbos*

10. Generalmente, el *orden de las palabras (la sintaxis)* en griego es verbo-sujeto-objeto (VSO), muchas veces con una conjunción inicial.[27] Entonces, muchas veces, según el contexto del texto y la comprensión en español permita, decidí traducir en este orden griego al español, aunque no siempre sea muy natural. Por ejemplo, en vez de decir "Jesús subió a Jerusalén" muchas veces traduje "y subió Jesús a Jerusalén" (5:1). Otro ejemplo es en Juan 10:8 (ἀλλ᾽ οὐκ ἤκουσαν αὐτῶν τὰ πρόβατα) que tiene el sujeto al final de la oración, lo cual es reflejada en mi traducción ("pero no escucharon a ellos las ovejas") a pesar de que en el español uno no se expresaría así.

11. Las palabras que están entre *paréntesis* en la traducción son palabras implícitas que yo suplo del contexto.

12. Con respecto a los *verbos en el modo indicativo*, decidí mantener mis traducciones lo más simples posibles y dejar que las decisiones interpretativas sean hechas por los lectores de este libro. Generalmente, según permitía el contexto, traduje los verbos griegos al español de esta manera: los presentes en presentes, los aoristos en pretéritos perfectos simples, los imperfectos en pretéritos imperfectos, los perfectos en pretéritos perfectos compuestos, los pluscuamperfectos en pretéritos pluscuamperfectos, y los futuros en futuros. En ocasiones esto provoca un choque un tanto notable en la lectura del español, ya que la elección verbal griega no sería la que un hispanohablante tomaría, pero con el motivo de mantener el sentido original lo más intacto posible, opté por traducir de esta manera lo más posible.[28]

---

[25] Note las diferencias semánticas en BDAG y el léxico de Tuggy.

[26] Fredrick Long and T. Michael W. Halcomb, *Illustrated John in Greek*, GlossaHouse Illustrated Biblical Texts (Wilmore, KY: GlossaHouse, 2018), xii.

[27] Fredrick J. Long, *Koine Greek Grammar: A Beginning-Intermediate Exegetical and Pragmatic Handbook*, AGROS (Wilmore, KY: GlossaHouse, 2015), 65–66.

[28] Como muchos lingüistas griegos enfatizarían, es importante observar el aspecto verbal de los verbos griegos. Long y Halcomb dan un breve resumen de los tiempos verbales y el aspecto verbal en el modo indicativo: "El aspecto verbal imperfecto (incompleto, en progreso, interno) ocurre en los Tiempos Presente e Imperfecto; el aspecto perfectivo

13. Los *participios* e *infinitivos* trato de traducirlos como gerundios e infinitivos españoles, respectivamente. Como con los verbos en el modo indicativo, traté de preservar el aspecto verbal, y también notar su función en el contexto (como sustantivo, adjetivo, adverbio, etc.).
14. Hay ocasiones donde el verbo y el sustantivo o pronombre que va con él no concuerdan en número (por ejemplo, ἦλθεν πλοιάρια [Juan 6:23], en donde el verbo es singular y el sustantivo es plural). En estos casos, la traducción hace que ambos estén de acuerdo para evitar confusiones, pero el lector debería notar el fenómeno en griego.
15. No incluyo el pronombre formal en segunda persona para referirse a Dios "usted" como es tradición en algunos contextos latinoamericanos. Esto es porque no hay un equivalente en griego.
16. Las cláusulas con ἵνα, las cuales generalmente denotan una clausula de propósito (a no ser que sean explicativas, las cuales usualmente traduzco "que …"), son traducidas explícitamente ("con el propósito de …").
17. El *subjuntivo griego* es generalmente traducido como un subjuntivo o un condicional español. Irene Foulkes especifica: "El tiempo que se emplea en español para traducir el subjuntivo griego (tanto el presente como el aoristo) depende de la oración en que éste se encuentre. Los dos tiempos del subjuntivo griego se traducen al español a veces con el presente de subjuntivo, y otras veces con el imperfecto de subjuntivo."[29]

*Construcciones griegas marcadas*

18. Hay algunas **construcciones griegas marcadas** que trato de destacar en español y que los lectores de griego deberían considerar. Estas incluyen:
    a. Las construcciones μέν … δέ, las cuales invitan la comparación, contraste, continuación de ideas, u otro sentido semántico (usualmente traducidas "por un lado … por el otro lado." Véase Juan 20:30–31).[30]
    b. Los *pronombres personales nominativos son redundantes*, lo cual indica que muchos pronombres no son necesarios ya que el verbo contiene la persona gramatical.[31] Entonces, en situaciones donde hay un pronombre además de un verbo, lo enfatizo en la traducción al agregar un adjetivo, como "mismo." Por ejemplo, Jesús le pregunta a Nicodemo: Σὺ εἶ ὁ διδάσκαλος τοῦ Ἰσραὴλ … lo cual yo traduzco, "Tú mismo eres maestro de Israel …" (3:10).

---

(completo o completado, externo) en el Tiempo Aoristo; el aspecto de estado/resultado (acción compleja con efectos) en los Tiempos Perfecto y Pluscuamperfecto; y el aspecto futuro (expectativa) en el Tiempo Futuro." Véase Long y Halcomb, *John*, xi; traducción mía.

[29] Irene Foulkes, *El Griego Del Nuevo Testamento: Texto Programado* (Miami, FL: Editorial Caribe, 1992), 517.
[30] Long, *KGG*, 275.
[31] Long, *KGG*, 168–69.

c. Los *genitivos adelantados* son más enfáticos que otras construcciones, por lo cual ἐν τῇ χειρὶ αὐτοῦ (traducido "en la mano de él" [Juan 3:35]) es menos enfático que μου τὸ αἷμα (traducido "mi sangre" [Juan 6:54]) ya que el genitivo va antes del sustantivo que modifica. Aunque trato de seguir el orden de los genitivos siempre que pueda (para tratar de mantener la sintaxis griega), los genitivos adelantados son más enfáticos.[32]

d. Las *preguntas retóricas* pueden anticipar una respuesta positiva o negativa. Las preguntas que comienzan con un μή anticipan una respuesta negativa (¡No!), y las preguntas que comienzan con οὐ(κ) o οὐχί esperan una respuesta positiva (¡Si!). Esta es la ley del MNOP (como el abecedario), pues las **μή**=**n**egativo y las **οὐ**=**p**ositivo.[33]

e. Cuando hay un ἀμήν, no se traduce como muchas traducciones hacen (tradicionalmente "de cierto, de cierto te digo" o alguna variación de esto). En vez de afirmar la validez de la declaración que prosigue, esta partícula refleja un contexto litúrgico judío donde se afirma "lo que justo ha sido dicho, creído, o hecho."[34] Así, cuando uno vea escrito el "¡Amen! ¡Amen!" hay que considerar el contenido que viene antes de esto.

f. El verbo ἀποκρίνομαι tiene un sentido semántico útil de notar en el estudio del diálogo. Aunque generalmente significa "responder," el ἀπό le brinda más fuerza a la respuesta, la cual tiene el sentido de tratar de tomar control del dialogo de la otra persona o grupo. Me ha sido difícil encontrar una traducción satisfactoria que contenga este sentido, pero que sea sucinto, así que opté por mantener la traducción simple de "responder." Es recomendable, sin embargo, que el lector del griego considere la fuerza semántica de esta palabra en los diálogos.[35]

Como no agradecer a la gente que contribuyó en este proyecto; desde mi padre Carlos y mi madre Mayra, quienes leyeron este trabajo y me han animado y apoyado en más maneras de las que yo pueda contar; a José Díaz, quien corrigió errores de traducción y precisión en este trabajo, por lo cual esta obra se beneficiará mucho; y a la gente de GlossaHouse, especialmente al Dr. Fredrick J. Long por animarme a tomar este proyecto. Cualquier error recae sobre mí. Le pido al Señor que este recurso sea de bendición para quienes lo utilicen en sus estudios del Evangelio de Juan.

---

[32] Long y Halcomb, *John*, xiii.
[33] Long y Halcomb, *John*, xiii–xiv.
[34] Basado en el trabajo de Halcomb. Véase Long y Halcomb, *John*, xv; Long, *KGG*, 279–80. Traducción mía.
[35] Véase Long, *KGG*, 356–58.

# ΚΑΤΑ ΙΩΑΝΝΗΝ

1:1–5

1:1 En el comienzo era la Palabra, y la Palabra era con Dios, y la Palabra era Dios. 1:2 Éste era en el principio con Dios. 1:3 Todas las cosas por medio de él se crearon, y fuera de él ni una cosa fue creada la cual ha sido creada. 1:4 En él era la vida, y la vida era la luz de los seres humanos. 1:5 Y la luz en la oscuridad brilla, y (sin embargo) la oscuridad con ella no pudo.

6 Ἐγένετο ἄνθρωπος ἀπεσταλμένος παρὰ θεοῦ, ὄνομα αὐτῷ Ἰωάννης· 7 οὗτος ἦλθεν εἰς μαρτυρίαν, ἵνα μαρτυρήσῃ περὶ τοῦ φωτός, ἵνα πάντες πιστεύσωσιν δι' αὐτοῦ. 8 οὐκ ἦν ἐκεῖνος τὸ φῶς, ἀλλ' ἵνα μαρτυρήσῃ περὶ τοῦ φωτός.

9 ἦν τὸ φῶς τὸ ἀληθινὸν ὃ φωτίζει πάντα ἄνθρωπον ἐρχόμενον εἰς τὸν κόσμον. 10 Ἐν τῷ κόσμῳ ἦν, καὶ ὁ κόσμος δι' αὐτοῦ ἐγένετο, καὶ ὁ κόσμος αὐτὸν οὐκ ἔγνω. 11 εἰς τὰ ἴδια ἦλθεν, καὶ οἱ ἴδιοι αὐτὸν οὐ παρέλαβον. 12 ὅσοι δὲ ἔλαβον αὐτόν, ἔδωκεν αὐτοῖς ἐξουσίαν τέκνα θεοῦ γενέσθαι, τοῖς πιστεύουσιν εἰς τὸ ὄνομα αὐτοῦ, 13 οἳ οὐκ ἐξ αἱμάτων οὐδὲ ἐκ θελήματος σαρκὸς οὐδὲ ἐκ θελήματος ἀνδρὸς ἀλλ' ἐκ θεοῦ ἐγεννήθησαν. 14 Καὶ ὁ λόγος σὰρξ ἐγένετο καὶ ἐσκήνωσεν ἐν ἡμῖν, καὶ ἐθεασάμεθα τὴν δόξαν αὐτοῦ, δόξαν ὡς μονογενοῦς παρὰ πατρός, πλήρης χάριτος καὶ ἀληθείας·

1:6 Hubo una persona quien había sido enviado de parte de Dios, el nombre de él (era) Juan. 1:7 Este vino como testimonio, con el propósito de que testificara sobre la luz, con el propósito de que todos creyeran por medio de él. 1:8 No era aquel (Juan) la luz, sino (vino) con el propósito de que testificara sobre la luz. 1:9 Él (la Palabra) era la luz verdadera, la que ilumina a toda persona viniendo al mundo. 1:10 En el mundo estaba, y el mundo por medio de él se creó, y (sin embargo) el mundo a él no lo conoció. 1:11 A los suyos propios vino, y (sin embargo) los suyos propios no lo recibieron a él. 1:12 Pero (al) número que lo recibieron a él, les dio a ellos autoridad para convertirse en hijos de Dios, a los que están creyendo en el nombre de él. 1:13 Quienes no de sangre, ni de la voluntad de la carne, ni de la voluntad de hombre, sino de Dios fueron nacidos. 1:14 Y la Palabra, carne se volvió y habitó entre nosotros, y nosotros percibimos la gloria de él, gloria como del Único Hijo en su clase del Padre, lleno de gracia y verdad.

1:15 (Juan testifica sobre él y ha clamado diciendo, "Este era de quien yo dije, 'El que después de mí viene, antes de mí había existido, porque era primero que yo.'") 1:16 Porque de la plenitud de él todos nosotros recibimos, aún gracia sobre gracia. 1:17 Porque la ley por medio de Moisés se dio, (pero) la gracia y la verdad por medio de Jesús, el Ungido, vino. 1:18 A Dios nadie (lo) ha visto en ningún momento; el Único Dios en su clase, el que está en el pecho del Padre, aquel lo describió detalladamente. 1:19 Y este es el testimonio de Juan, cuando lo mandaron los oficiales judíos de Jerusalén, los sacerdotes y levitas, con el propósito de que le preguntaran a él, "Tú, ¿quién eres tú?" 1:20 Y confesó y no negó, y confesó, "Yo mismo no soy el Ungido." 1:21 Y le preguntaron a él, "Entonces, ¿qué? ¿Tú, eres tú Elías?" Y él dice, "Yo no soy." "¿El profeta eres tú mismo?" Y respondió, "¡No!" 1:22 Entonces ellos le dijeron a él, "¿Quién eres? (Dinos) Con el propósito de que nosotros le demos una respuesta a los que nos mandaron a nosotros. ¿Qué dices acerca de ti mismo?" 1:23 Él decía, "Yo (soy) la voz de quien está clamando en el desierto, 'Enderecen el camino del Señor,' justo como dijo Isaías el profeta." 1:24 Y los que habían sido mandados eran de los fariseos. 1:25 Y le preguntaron a él y le dijeron a él, "Entonces, ¿por qué sumerges si tú mismo no eres el Ungido, ni Elías, ni el profeta?"

**26** ἀπεκρίθη αὐτοῖς ὁ Ἰωάννης λέγων·

Ἐγὼ βαπτίζω ἐν ὕδατι· μέσος ὑμῶν ἕστηκεν ὃν ὑμεῖς οὐκ οἴδατε, **27** ὁ ὀπίσω μου ἐρχόμενος, οὗ οὐκ εἰμὶ ἄξιος ἵνα λύσω αὐτοῦ τὸν ἱμάντα τοῦ ὑποδήματος.

**28** ταῦτα ἐν Βηθανίᾳ ἐγένετο πέραν τοῦ Ἰορδάνου, ὅπου ἦν ὁ Ἰωάννης βαπτίζων.

**29** Τῇ ἐπαύριον βλέπει τὸν Ἰησοῦν ἐρχόμενον πρὸς αὐτόν, καὶ λέγει·

Ἴδε ὁ ἀμνὸς τοῦ θεοῦ ὁ αἴρων τὴν ἁμαρτίαν τοῦ κόσμου. **30** οὗτός ἐστιν ὑπὲρ οὗ ἐγὼ εἶπον· Ὀπίσω μου ἔρχεται ἀνὴρ ὃς ἔμπροσθέν μου γέγονεν, ὅτι πρῶτός μου ἦν·

**31** κἀγὼ οὐκ ᾔδειν αὐτόν, ἀλλ' ἵνα φανερωθῇ τῷ Ἰσραὴλ διὰ τοῦτο ἦλθον ἐγὼ ἐν ὕδατι βαπτίζων.

**32** καὶ ἐμαρτύρησεν Ἰωάννης λέγων ὅτι

Τεθέαμαι τὸ πνεῦμα καταβαῖνον ὡς περιστερὰν ἐξ οὐρανοῦ, καὶ ἔμεινεν ἐπ' αὐτόν· **33** κἀγὼ οὐκ ᾔδειν αὐτόν, ἀλλ' ὁ πέμψας με βαπτίζειν ἐν ὕδατι ἐκεῖνός μοι εἶπεν· Ἐφ' ὃν ἂν ἴδῃς τὸ πνεῦμα καταβαῖνον καὶ μένον ἐπ' αὐτόν, οὗτός ἐστιν ὁ βαπτίζων ἐν πνεύματι ἁγίῳ· **34** κἀγὼ ἑώρακα, καὶ μεμαρτύρηκα ὅτι οὗτός ἐστιν ὁ ἐκλεκτὸς τοῦ θεοῦ.

**1:26** Le respondió a ellos Juan, diciendo, "Yo mismo sumerjo con agua; en medio de ustedes (uno) se ha parado, quien ustedes mismos no han conocido, **1:27** (Esto es) El que después de mí viene, de quien yo no soy digno para aflojarle la correa de su sandalia." **1:28** Estas cosas en Betania ocurrieron, al otro lado del Jordán, donde estaba Juan sumergiendo. **1:29** El día siguiente él ve a Jesús viniendo hacia él, y él dice, "¡Mira! El Cordero de Dios, quien remueve el pecado del mundo. **1:30** Este es sobre quien yo mismo dije, 'Después de mí viene un hombre que antes de mí ha existido, porque era primero que yo.' **1:31** Y yo no lo había conocido a él, pero con el propósito de que sea revelado a Israel, a causa de esto, yo mismo vine sumergiendo con agua." **1:32** Y testificó Juan diciendo, "Yo he visto al Espíritu bajando como paloma del cielo, y permaneció sobre él. **1:33** Y yo mismo no (lo) había conocido a él, sino el que me envió con el propósito de sumergir con agua, aquél me dijo, 'Sobre quien veas el Espíritu bajando y permaneciendo sobre él, este es el que sumerge con el Espíritu Santo.' **1:34** Y yo mismo he visto y yo he testificado, que este es el escogido de Dios."

1:35 Al día siguiente, otra vez se había parado Juan y dos de los estudiantes de él, 1:36 Y después de mirar a Jesús caminando, él dice, "¡Mira! El Cordero de Dios." 1:37 Y lo oyeron los dos estudiantes de él hablando, y siguieron a Jesús. 1:38 Pero cuando Jesús se dio vuelta y les vio a ellos siguiéndole, él les dice a ellos, "¿Qué buscan?" Y le dijeron a él, "Rabbí (lo cual, habiendo sido traducido, se dice, 'Maestro'), ¿dónde moras?" 1:39 Él les dice a ellos, "Vengan y verán." Entonces vinieron y vieron donde él mora, y con él moraron aquel día. La hora era como la décima. 1:40 Andrés era el hermano de Simón Pedro, uno de los dos que oyeron de Juan, y le siguieron a él (a Juan). 1:41 Este encuentra primero a su propio hermano, a Simón, y le dice a él, "Nosotros hemos encontrado al Mesías (lo cual es traducido "Ungido"). 1:42 Él lo dirigió a él a Jesús. Después de verlo, Jesús dijo, "Tú mismo eres Simón, el hijo de Juan, tú mismo serás llamado Kefás (que se traduce 'Pedro')." 1:43 Al día siguiente, él deseó partir a la Galilea. Y él encuentra a Felipe y Jesús le dice a él, "Sígueme." 1:44 Y era Felipe de Betsaida, de la ciudad de Andrés y Pedro.

1:45 Encuentra Felipe a Natanael y le dice a él, "Acerca de quien escribió Moisés en la ley y los profetas, nosotros hemos encontrado, (esto es) a Jesús, hijo de José de Nazaret." 1:46 Y le dijo a él Natanael, "¿De Nazaret es posible que algo bueno haya?" Le dice a él Felipe, "¡Ven y mira!" 1:47 Vio Jesús a Natanael viniendo hacia él y dice acerca de él, "¡Mira! Verdaderamente (él es) un israelita, en quien engaño no hay." 1:48 Le dice a él Natanael, "¿De dónde me conoces?" Respondió Jesús y le dijo a él, "Antes de que Felipe te llamó, mientras estabas debajo del árbol, yo te vi a ti." 1:49 Le respondió a él Natanael, "Rabbí, ¡tú mismo eres el Hijo de Dios! ¡Tú mismo eres el rey de Israel!" 1:50 Le respondió Jesús y le dijo a él, "Porque yo te dije a ti que yo te vi debajo del árbol de higos, ¿tú crees? ¡Cosas más grandes que estas verás!" 1:51 Y le dice a él, "¡Amén! ¡Amén! Yo les digo a ustedes, verán al cielo abriéndose, y los ángeles de Dios subiendo y bajando sobre el Hijo del Hombre." 2:1 Y en el tercer día, hubo una boda en Caná de la Galilea, y estaba la madre de Jesús ahí.

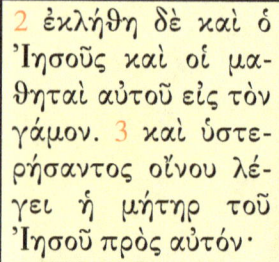

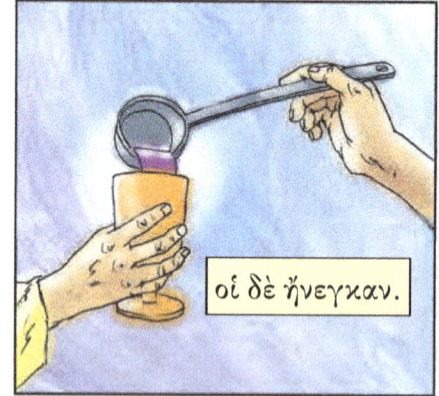

2:2 ἐκλήθη δὲ καὶ ὁ Ἰησοῦς καὶ οἱ μαθηταὶ αὐτοῦ εἰς τὸν γάμον. 3 καὶ ὑστερήσαντος οἴνου λέγει ἡ μήτηρ τοῦ Ἰησοῦ πρὸς αὐτόν·

Οἶνον οὐκ ἔχουσιν.

4 καὶ λέγει αὐτῇ ὁ Ἰησοῦς·

Τί ἐμοὶ καὶ σοί, γύναι; οὔπω ἥκει ἡ ὥρα μου.

5 λέγει ἡ μήτηρ αὐτοῦ τοῖς διακόνοις·

Ὅ τι ἂν λέγῃ ὑμῖν ποιήσατε.

6 ἦσαν δὲ ἐκεῖ λίθιναι ὑδρίαι ἓξ κατὰ τὸν καθαρισμὸν τῶν Ἰουδαίων κείμεναι, χωροῦσαι ἀνὰ μετρητὰς δύο ἢ τρεῖς. 7 λέγει αὐτοῖς ὁ Ἰησοῦς·

Γεμίσατε τὰς ὑδρίας ὕδατος·

καὶ ἐγέμισαν αὐτὰς ἕως ἄνω.

8 καὶ λέγει αὐτοῖς·

Ἀντλήσατε νῦν καὶ φέρετε τῷ ἀρχιτρικλίνῳ·

οἱ δὲ ἤνεγκαν.

9 ὡς δὲ ἐγεύσατο ὁ ἀρχιτρίκλινος τὸ ὕδωρ οἶνον γεγενημένον καὶ οὐκ ᾔδει πόθεν ἐστίν.

οἱ δὲ διάκονοι ᾔδεισαν οἱ ἠντληκότες τὸ ὕδωρ, φωνεῖ τὸν νυμφίον ὁ ἀρχιτρίκλινος 10 καὶ λέγει αὐτῷ·

Πᾶς ἄνθρωπος πρῶτον τὸν καλὸν οἶνον τίθησιν, καὶ ὅταν μεθυσθῶσιν τὸν ἐλάσσω· σὺ τετήρηκας τὸν καλὸν οἶνον ἕως ἄρτι.

11 ταύτην ἐποίησεν ἀρχὴν τῶν σημείων ὁ Ἰησοῦς ἐν Κανὰ τῆς Γαλιλαίας καὶ ἐφανέρωσεν τὴν δόξαν αὐτοῦ, καὶ ἐπίστευσαν εἰς αὐτὸν οἱ μαθηταὶ αὐτοῦ.

2:2 Y también fue invitado Jesús y los estudiantes de él a la boda. 2:3 Y cuando faltó el vino, dice la madre de Jesús a él, "No tienen vino." 2:4 Dice a ella Jesús, "¿Qué a mí y a ti, mujer? Todavía no viene la hora mía." 2:5 Le dice la madre de él a los siervos, "Cualquier cosa que les diga a ustedes, háganlo." 2:6 Y habían ahí seis jarrones de agua de piedra, teniendo su propósito para las ceremonias de limpieza de los judíos, que contienen dos o tres medidas cada una. 2:7 Les dice a ellos Jesús, "Llenen los jarrones de agua con agua." Y las llenaron hasta arriba. 2:8 Y le dijo a ellos, "Saquen (agua) ahora y lleven al maestro de banquete," y (los siervos) la llevaron. 2:9 Y, cuando el maestro de banquete probó el agua, (la) que había sido hecha vino, y él no sabía de dónde era, pero los siervos sabían que habían sacado agua, el maestro de banquete llama al novio 2:10 Y le dice a él, "Cada persona primero el buen vino pone, y cuando sea que se hubieran emborrachado, el inferior. (Pero) ¡Tú mismo has guardado el buen vino hasta ahora!" 2:11 Esto hizo Jesús, el principio de señales, en Caná de la Galilea, y reveló la gloria de él, y creyeron en él los estudiantes de él.

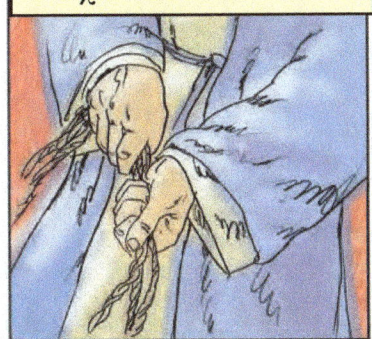

2:12 Después de esto bajó a Capernaum, él y la madre de él, y los hermanos y los estudiantes de él, y ahí se quedaron no muchos días. 2:13 Y cerca estaba la Pascua de los judíos, y Jesús subió a Jerusalén. 2:14 Y encontró en el templo a los que venden vacas y ovejas y palomas y a los cambistas sentados, 2:15 Y haciendo un látigo (hecho) de cuerdas, a todos expulsó fuera del templo, a las ovejas y las vacas, y él derramó también las monedas de los cambistas de dinero, y las mesas volteó, 2:16 y a los que venden palomas les dijo, "¡Saquen estas cosas de aquí! ¡No estén haciendo de la casa del Padre mío una casa de mercado!" 2:17 Les fue recordado a los estudiantes de él que había sido escrito, "El celo de la casa tuya me consumirá." 2:18 Por lo tanto, respondieron los oficiales judíos y le dijeron a él, "¿Qué señal nos muestras a nosotros, que estas cosas haces?" 2:19 Respondió Jesús y les dijo a ellos, "¡Destruyan el templo éste y en tres días yo lo levantaré!" 2:20 Entonces los oficiales judíos le dijeron, "(En) cuarenta y seis años fue construido el templo éste, ¡¿y tú mismo en tres días lo levantarás?!"

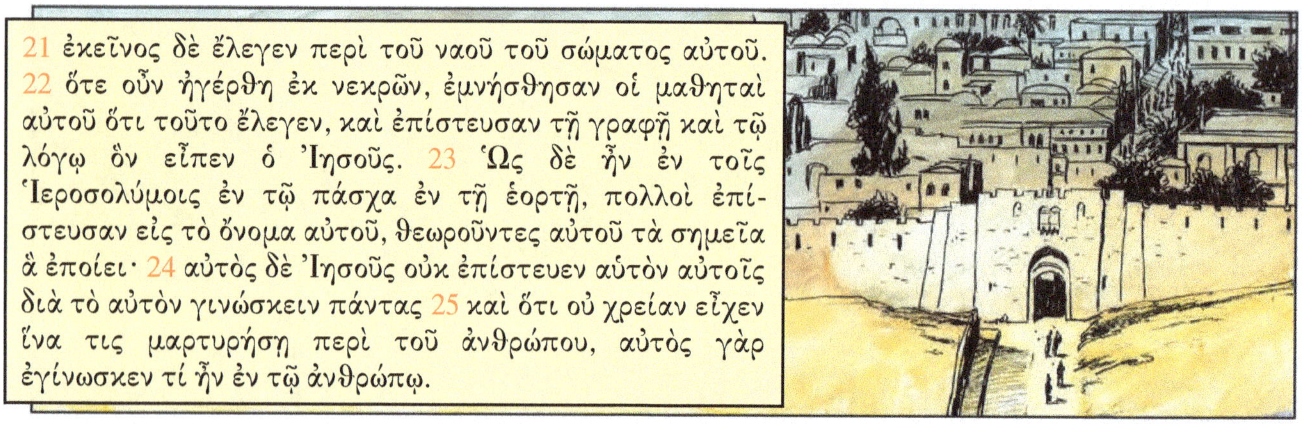

21 ἐκεῖνος δὲ ἔλεγεν περὶ τοῦ ναοῦ τοῦ σώματος αὐτοῦ. 22 ὅτε οὖν ἠγέρθη ἐκ νεκρῶν, ἐμνήσθησαν οἱ μαθηταὶ αὐτοῦ ὅτι τοῦτο ἔλεγεν, καὶ ἐπίστευσαν τῇ γραφῇ καὶ τῷ λόγῳ ὃν εἶπεν ὁ Ἰησοῦς. 23 Ὡς δὲ ἦν ἐν τοῖς Ἱεροσολύμοις ἐν τῷ πάσχα ἐν τῇ ἑορτῇ, πολλοὶ ἐπίστευσαν εἰς τὸ ὄνομα αὐτοῦ, θεωροῦντες αὐτοῦ τὰ σημεῖα ἃ ἐποίει· 24 αὐτὸς δὲ Ἰησοῦς οὐκ ἐπίστευεν αὐτὸν αὐτοῖς διὰ τὸ αὐτὸν γινώσκειν πάντας 25 καὶ ὅτι οὐ χρείαν εἶχεν ἵνα τις μαρτυρήσῃ περὶ τοῦ ἀνθρώπου, αὐτὸς γὰρ ἐγίνωσκεν τί ἦν ἐν τῷ ἀνθρώπῳ.

## Chapter 3

3:1 Ἦν δὲ ἄνθρωπος ἐκ τῶν Φαρισαίων, Νικόδημος ὄνομα αὐτῷ, ἄρχων τῶν Ἰουδαίων· 2 οὗτος ἦλθεν πρὸς αὐτὸν νυκτὸς καὶ εἶπεν αὐτῷ·

Ῥαββί, οἴδαμεν ὅτι ἀπὸ θεοῦ ἐλήλυθας διδάσκαλος· οὐδεὶς γὰρ δύναται ταῦτα τὰ σημεῖα ποιεῖν ἃ σὺ ποιεῖς, ἐὰν μὴ ᾖ ὁ θεὸς μετ' αὐτοῦ.

3 ἀπεκρίθη Ἰησοῦς καὶ εἶπεν αὐτῷ·

Ἀμὴν. Ἀμὴν. Λέγω σοι, ἐὰν μή τις γεννηθῇ ἄνωθεν, οὐ δύναται ἰδεῖν τὴν βασιλείαν τοῦ θεοῦ.

4 λέγει πρὸς αὐτὸν ὁ Νικόδημος·

Πῶς δύναται ἄνθρωπος γεννηθῆναι γέρων ὤν; μὴ δύναται εἰς τὴν κοιλίαν τῆς μητρὸς αὐτοῦ δεύτερον εἰσελθεῖν καὶ γεννηθῆναι;

5 ἀπεκρίθη Ἰησοῦς·

Ἀμὴν. Ἀμὴν. Λέγω σοι, ἐὰν μή τις γεννηθῇ ἐξ ὕδατος καὶ πνεύματος, οὐ δύναται εἰσελθεῖν εἰς τὴν βασιλείαν τοῦ θεοῦ. 6 τὸ γεγεννημένον ἐκ τῆς σαρκὸς σάρξ ἐστιν, καὶ τὸ γεγεννημένον ἐκ τοῦ πνεύματος πνεῦμά ἐστιν. 7 μὴ θαυμάσῃς ὅτι εἶπόν σοι Δεῖ ὑμᾶς γεννηθῆναι ἄνωθεν. 8 τὸ πνεῦμα ὅπου θέλει πνεῖ, καὶ τὴν φωνὴν αὐτοῦ ἀκούεις, ἀλλ' οὐκ οἶδας πόθεν ἔρχεται καὶ ποῦ ὑπάγει· οὕτως ἐστὶν πᾶς ὁ γεγεννημένος ἐκ τοῦ πνεύματος.

2:21 Pero aquél hablaba con respecto al templo del cuerpo suyo. 2:22 De modo que cuando fue levantado de entre los muertos, fueron recordados los estudiantes de él que esto él decía, y creyeron en la Escritura y la Palabra que dijo Jesús. 2:23 Pues bien, cuando estaba en Jerusalén, (esto es) en la Pascua durante la fiesta, muchos creyeron en el nombre de él, porque estaban viendo las señales de él que él estaba haciendo. 2:24 Pero Jesús mismo no confiaba en ellos, a causa de que (los) conoce a todos ellos, 2:25 Y porque no tenía necesidad de que nadie testificara sobre el ser humano, pues él mismo conocía lo que estaba en el ser humano. 3:1 Ahora bien, había una persona de entre los fariseos, Nicodemo (era) el nombre de él, líder entre los judíos. 3:2 Este vino a él durante la noche y le dijo a él, "Rabbí, nosotros hemos sabido que tú, un maestro, de Dios has venido, porque nadie puede hacer estas señales que tú mismo haces si Dios no estuviera con él." 3:3 Le respondió Jesús y le dijo a él, "¡Amén! ¡Amén! Yo te digo a ti, si alguien no es nacido de arriba, no puede ver el reino de Dios." 3:4 Le dice a él Nicodemo, "¿Cómo puede una persona ser nacido siendo un viejo? ¿Acaso no es posible (para una persona) entrar al vientre de su madre una segunda vez y ser nacido de nuevo? (¡No!)" 3:5 Le respondió Jesús, "¡Amén! ¡Amén! Yo te digo a ti, si alguien no es nacido del agua y del espíritu, no puede entrar al reino de Dios. 3:6 El que ha sido nacido de la carne, carne es, y el que ha sido nacido del Espíritu, espíritu es. 3:7 No te asombres que te dije a ti, 'Es necesario que ustedes sean nacidos de arriba.' 3:8 El espíritu dondequiera que desea, sopla, y el sonido de él oyes, pero tú no sabes de dónde viene y a dónde va. Así es todo el que ha sido nacido del espíritu."

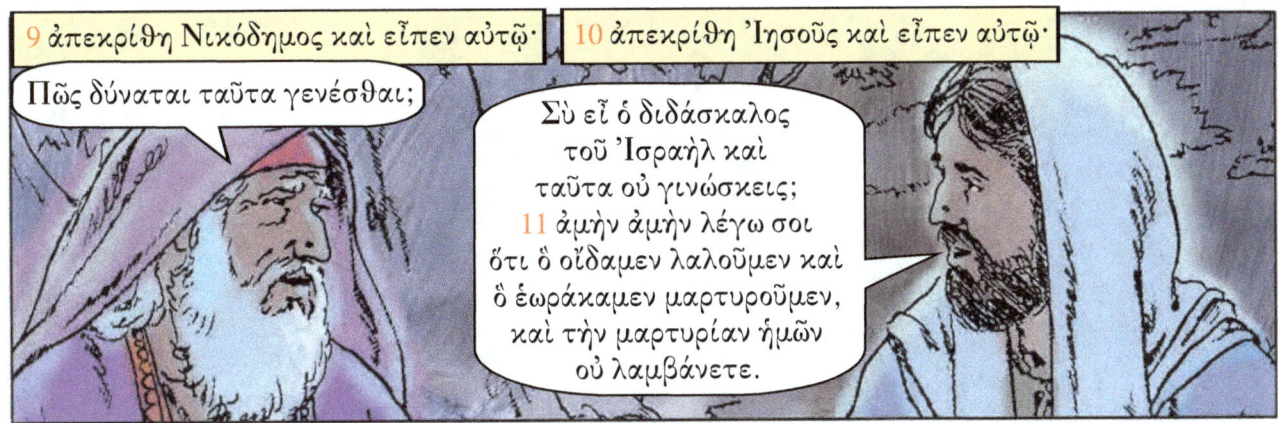

3:9 Respondió Nicodemo y le dijo a él, "¿Cómo es posible que estas cosas ocurran?" 3:10 Respondió Jesús y le dijo a él, "Tú mismo eres maestro de Israel y ¿estas cosas tú no conoces? 3:11 ¡Amén! ¡Amén! Yo te digo a ti que lo que nosotros hemos conocido, nosotros hablamos, y lo que hemos visto, nosotros testificamos, y el testimonio de nosotros ustedes no reciben. 3:12 Si cosas terrenales yo les dije a ustedes y no creen, ¿Cómo, si yo les dijera a ustedes cosas celestiales, creerán? 3:13 Y nadie ha subido al cielo excepto el que del cielo bajó, (esto es) el Hijo del Hombre. 3:14 Y así como Moisés levantó la serpiente en el desierto, igualmente es necesario que sea levantado el Hijo del Hombre, 3:15 con el propósito de que todo el que cree en él tenga vida eterna. 3:16 Porque de esta manera amó Dios al mundo, que dio al Único Hijo en su clase, con el propósito de que todo el que cree en él no se pierda sino tenga vida eterna. 3:17 Porque no mandó Dios al Hijo al mundo con el propósito de que él juzgue al mundo, sino con el propósito de que se salve el mundo por medio de él. 3:18 El que cree en él no es condenado, pero el que no cree ya ha sido condenado, porque no ha creído en el nombre del Único Hijo en su clase de Dios. 3:19 Y este es el juicio, que la luz ha venido al mundo y las personas amaron la oscuridad en vez de la luz, porque malvadas las obras de ellos.

3:20–28

3:20 Porque todo el que está practicando lo malo odia la luz y no viene a la luz, con el propósito de que no sean expuestas las obras de él. 3:21 Pero el que practica la verdad viene a la luz, con el propósito de que sean reveladas sus obras que en Dios han sido hechas." 3:22 Después de estas cosas vino Jesús y (los) estudiantes de él a la tierra (de) Judea, y ahí estaba pasando tiempo con ellos, y sumergía. 3:23 Y también Juan estaba sumergiendo en Ainón, cerca de Salín, porque mucha agua había ahí, y estaban llegando y estaban siendo sumergidos. 3:24 Porque Juan todavía no había sido lanzado a la prisión. 3:25 Entonces hubo un debate entre los estudiantes de Juan con un judío con respecto a la limpieza ceremonial. 3:26 Y vinieron a Juan y le dijeron a él, "Rabbí, el que estaba contigo al otro lado del Jordán, a quien tú mismo habías testificado, ¡mira! Este está sumergiendo y todos vienen a él." 3:27 Respondió Juan y dijo, "No puede el ser humano recibir ni una cosa, si no ha sido dada a él del cielo. 3:28 Ustedes mismos a mí testifican (lo) que yo dije, 'Yo mismo no soy el Ungido,' sino 'Yo he sido enviado antes que aquel.'

3:29–4:5

29 ὁ ἔχων τὴν νύμφην νυμφίος ἐστίν· ὁ δὲ φίλος τοῦ νυμφίου ὁ ἑστηκὼς καὶ ἀκούων αὐτοῦ, χαρᾷ χαίρει διὰ τὴν φωνὴν τοῦ νυμφίου. αὕτη οὖν ἡ χαρὰ ἡ ἐμὴ πεπλήρωται. 30 ἐκεῖνον δεῖ αὐξάνειν, ἐμὲ δὲ ἐλαττοῦσθαι.

31 Ὁ ἄνωθεν ἐρχόμενος ἐπάνω πάντων ἐστίν. ὁ ὢν ἐκ τῆς γῆς ἐκ τῆς γῆς ἐστιν καὶ ἐκ τῆς γῆς λαλεῖ· ὁ ἐκ τοῦ οὐρανοῦ ἐρχόμενος ἐπάνω πάντων ἐστίν· 32 ὃ ἑώρακεν καὶ ἤκουσεν τοῦτο μαρτυρεῖ, καὶ τὴν μαρτυρίαν αὐτοῦ οὐδεὶς λαμβάνει. 33 ὁ λαβὼν αὐτοῦ τὴν μαρτυρίαν ἐσφράγισεν ὅτι ὁ θεὸς ἀληθής ἐστιν.

34 ὃν γὰρ ἀπέστειλεν ὁ θεὸς τὰ ῥήματα τοῦ θεοῦ λαλεῖ, οὐ γὰρ ἐκ μέτρου δίδωσιν τὸ πνεῦμα. 35 ὁ πατὴρ ἀγαπᾷ τὸν υἱόν, καὶ πάντα δέδωκεν ἐν τῇ χειρὶ αὐτοῦ. 36 ὁ πιστεύων εἰς τὸν υἱὸν ἔχει ζωὴν αἰώνιον· ὁ δὲ ἀπειθῶν τῷ υἱῷ οὐκ ὄψεται ζωήν, ἀλλ᾽ ἡ ὀργὴ τοῦ θεοῦ μένει ἐπ᾽ αὐτόν.

Chapter 4

4:1 Ὡς οὖν ἔγνω ὁ Ἰησοῦς ὅτι ἤκουσαν οἱ Φαρισαῖοι ὅτι Ἰησοῦς πλείονας μαθητὰς ποιεῖ καὶ βαπτίζει ἢ Ἰωάννης—2 καίτοιγε Ἰησοῦς αὐτὸς οὐκ ἐβάπτιζεν ἀλλ᾽ οἱ μαθηταὶ αὐτοῦ—3 ἀφῆκεν τὴν Ἰουδαίαν καὶ ἀπῆλθεν πάλιν εἰς τὴν Γαλιλαίαν. 4 ἔδει δὲ αὐτὸν διέρχεσθαι διὰ τῆς Σαμαρείας. 5 ἔρχεται οὖν εἰς πόλιν τῆς Σαμαρείας λεγομένην Συχὰρ πλησίον τοῦ χωρίου ὃ ἔδωκεν Ἰακὼβ τῷ Ἰωσὴφ τῷ υἱῷ αὐτοῦ·

3:29 El que tiene a la novia es el novio, y el amigo del novio (es) el que se ha parado y, escuchándolo a él, se regocija con gozo a causa de la voz del novio. Por lo tanto, ¡este gozo mío ha sido completado! 3:30 Es necesario para aquel crecer, y para mi ser disminuido. 3:31 El que de arriba viene, sobre todos es. El que es de la tierra, de la tierra es y de la tierra habla. El que del cielo está viniendo, sobre todos es. 3:32 Lo que él ha visto y él oyó, esto testifica, y el testimonio de él nadie lo recibe. 3:33 El que aceptó su testimonio garantizó que Dios es verdad. 3:34 Porque a quien envió Dios, las palabras de Dios habla, porque no da al Espíritu por medida. 3:35 El Padre ama al Hijo y todas las cosas ha dado en la mano de él. 3:36 El que cree en el Hijo tiene vida eterna, pero el que desobedece al Hijo no verá la vida, sino la ira de Dios permanece sobre él." 4:1 Entonces, cuando supo Jesús que oyeron los fariseos que Jesús hace muchos estudiantes y sumerge más que Juan. 4:2—Aunque Jesús mismo no sumergía sino los estudiantes de él (sumergían)—4:3 Partió de Judea y se fue otra vez a la Galilea. 4:4 Ahora, necesitaba pasar a través de Samaria. 4:5 Por lo tanto, él viene a la ciudad de Samaria, siendo llamada Sicar, (que estaba) cerca de la tierra que le dio Jacob a José, el hijo de él.

4:6–17

6 ἦν δὲ ἐκεῖ πηγὴ τοῦ Ἰακώβ.

ὁ οὖν Ἰησοῦς κεκοπιακὼς ἐκ τῆς ὁδοιπορίας ἐκαθέζετο οὕτως ἐπὶ τῇ πηγῇ· ὥρα ἦν ὡς ἕκτη. 7 Ἔρχεται γυνὴ ἐκ τῆς Σαμαρείας ἀντλῆσαι ὕδωρ. λέγει αὐτῇ ὁ Ἰησοῦς·

Δός μοι πεῖν·

8 οἱ γὰρ μαθηταὶ αὐτοῦ ἀπεληλύθεισαν εἰς τὴν πόλιν, ἵνα τροφὰς ἀγοράσωσιν.

9 λέγει οὖν αὐτῷ ἡ γυνὴ ἡ Σαμαρῖτις·

Πῶς σὺ Ἰουδαῖος ὢν παρ' ἐμοῦ πεῖν αἰτεῖς γυναικὸς Σαμαρίτιδος οὔσης; οὐ γὰρ συγχρῶνται Ἰουδαῖοι Σαμαρίταις.

10 ἀπεκρίθη Ἰησοῦς καὶ εἶπεν αὐτῇ·

Εἰ ᾔδεις τὴν δωρεὰν τοῦ θεοῦ καὶ τίς ἐστιν ὁ λέγων σοι· Δός μοι πεῖν, σὺ ἂν ᾔτησας αὐτὸν καὶ ἔδωκεν ἄν σοι ὕδωρ ζῶν.

11 λέγει αὐτῷ ἡ γυνή·

Κύριε, οὔτε ἄντλημα ἔχεις καὶ τὸ φρέαρ ἐστὶν βαθύ· πόθεν οὖν ἔχεις τὸ ὕδωρ τὸ ζῶν; 12 μὴ σὺ μείζων εἶ τοῦ πατρὸς ἡμῶν Ἰακώβ, ὃς ἔδωκεν ἡμῖν τὸ φρέαρ καὶ αὐτὸς ἐξ αὐτοῦ ἔπιεν καὶ οἱ υἱοὶ αὐτοῦ καὶ τὰ θρέμματα αὐτοῦ;

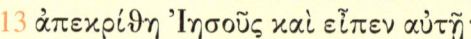

13 ἀπεκρίθη Ἰησοῦς καὶ εἶπεν αὐτῇ·

Πᾶς ὁ πίνων ἐκ τοῦ ὕδατος τούτου διψήσει πάλιν· 14 ὃς δ' ἂν πίῃ ἐκ τοῦ ὕδατος οὗ ἐγὼ δώσω αὐτῷ, οὐ μὴ διψήσει εἰς τὸν αἰῶνα, ἀλλὰ τὸ ὕδωρ ὃ δώσω αὐτῷ γενήσεται ἐν αὐτῷ πηγὴ ὕδατος ἁλλομένου εἰς ζωὴν αἰώνιον.

15 λέγει πρὸς αὐτὸν ἡ γυνή·

Κύριε, δός μοι τοῦτο τὸ ὕδωρ, ἵνα μὴ διψῶ μηδὲ διέρχωμαι ἐνθάδε ἀντλεῖν.

16 Λέγει αὐτῇ·

Ὕπαγε φώνησον τὸν ἄνδρα σου καὶ ἐλθὲ ἐνθάδε.

17 ἀπεκρίθη ἡ γυνὴ καὶ εἶπεν αὐτῷ·

Οὐκ ἔχω ἄνδρα.

4:6 Y estaba ahí el pozo de Jacob. Entonces, cuando Jesús se había cansado del viaje, se sentaba así sobre el pozo. La hora era como la sexta. 4:7 Viene una mujer de Samaria con el propósito de sacar agua. Le dice a ella Jesús, "Dame a mí para beber." 4:8 Pues los estudiantes de él se habían ido a la ciudad, con el propósito de que compren comida. 4:9 Entonces le dice a él la mujer samaritana, "¿Cómo tú, siendo judío, me pides a mí para beber, siendo una mujer samaritana? Porque no se asociaban los judíos con los samaritanos." 4:10 Respondió Jesús y le dijo a ella, "Si hubieras conocido el regalo de Dios y quién es el que te dice a ti, 'Dame a mí para beber,' tú misma le habrías pedido a él y te habría dado agua viviente." 4:11 Le dice a él la mujer, "Señor, no tienes balde y el pozo es profundo. Así que, ¿de dónde tienes el agua viviente? 4:12 ¿Acaso tú mismo no eres mayor que el padre nuestro, Jacob, quien dio a nosotros el pozo y él del (pozo) bebió y los hijos de él (bebieron) y el ganado de él (bebió)? (¡No!)" 4:13 Le respondió Jesús y le dijo a ella, "Todo el que bebe del agua ésta tendrá sed otra vez, 4:14 pero quien beba del agua que yo mismo le daré a él, nunca jamás tendrá sed, hasta la eternidad, sino (que) el agua que yo le daré a él se convertirá en él un pozo de agua brotando hasta la vida eterna." 4:15 Le dice a él la mujer, "Señor, dame a mí esta agua, con el propósito de que no tenga sed ni venga aquí para sacar (agua)." 4:16 Le dice a ella, "Ve, llama al esposo tuyo y ven aquí." 4:17a Respondió la mujer y le dijo a él, "Yo no tengo esposo."

4:17b Le dice a ella Jesús, "Bien dices, 'Esposo no tengo.' 4:18 Porque cinco esposos tuviste, y ahora quien tienes no es tu esposo. Esto (que) has dicho (es) verdad." 4:19 Le dice a él la mujer, "Señor, percibo que tú mismo eres profeta. 4:20 Los padres de nosotros en el monte éste adoraron. Y ustedes mismos dicen que en Jerusalén es el lugar donde es necesario adorar." 4:21 Le dice a ella Jesús, "Créeme, mujer, porque viene la hora cuando ni en el monte este ni en Jerusalén adorarán al Padre. 4:22 Ustedes mismos adoran lo que ustedes no conocen. Nosotros mismos adoramos lo que nosotros conocemos, que la salvación origina de los judíos. 4:23 Pero viene la hora y ahora es, cuando los verdaderos adoradores adorarán al Padre en espíritu y en verdad. Porque verdaderamente el Padre busca a adoradores de él como éstos. 4:24 Dios (es) espíritu, y los adoradores de él, en espíritu y en verdad es necesario adorar." 4:25 Le dice a él la mujer, "Yo sé que el Mesías viene, el que es llamado 'Ungido.' Cuando venga aquél, nos proclamará a nosotros todas las cosas." 4:26 Le dice a ella Jesús, "Yo mismo soy, el que está hablando contigo."

4:27 Y en esto vinieron los estudiantes de él, y se maravillaban que con la mujer hablaba. Sin embargo, nadie dijo, '¿Qué buscas?' o '¿Qué hablas con ella?' 4:28 Entonces la mujer soltó la jarra de agua de ella, y fue a la ciudad y le dice a las personas, 4:29 "¡Vengan! Miren a la persona que me dijo a mí todas las cosas, cualquiera que sean, que yo hice. ¿Quizás éste no es el Ungido? (¡No puede ser!)" 4:30 Ellos salieron de la ciudad y venían a él. 4:31 En el entretiempo, le pedían a él los estudiantes diciendo, "Rabbí, ¡come!" 4:32 Pero le dijo a ellos, "Yo mismo tengo comida para comer que ustedes mismos no conocen." 4:33 Entonces, se decían los estudiantes unos a otros, "¿No le trajo alguien (algo) a él para comer? (No.)" 4:34 Le dice a ellos Jesús, "Mi comida es que yo haga la voluntad del que me envió a mí y que cumpla su obra. 4:35 ¿Ustedes mismos no dicen, 'Todavía son cuatro meses y la cosecha viene'? (Sí, lo dicen) Miren, yo les digo a ustedes, levanten los ojos de ustedes y vean los campos qué blancos están para la cosecha ahora. 4:36 El que cosecha recibe pago y recoge fruto para la vida eterna, con el propósito de que el que siembra se regocije junto con el que recoge. 4:37 Porque en esto la palabra es verdadera, 'Uno es el que siembra y otro el que cosecha.' 4:38 Yo mismo les mandé a ustedes con el propósito de cosechar lo que ustedes mismos no han trabajado. Otros han trabajado y ustedes mismos han entrado a la labor de ellos."

39 Ἐκ δὲ τῆς πόλεως ἐκείνης πολλοὶ ἐπίστευσαν εἰς αὐτὸν τῶν Σαμαριτῶν διὰ τὸν λόγον τῆς γυναικὸς μαρτυρούσης ὅτι Εἶπέν μοι πάντα ἃ ἐποίησα. 40 ὡς οὖν ἦλθον πρὸς αὐτὸν οἱ Σαμαρῖται, ἠρώτων αὐτὸν μεῖναι παρ᾽ αὐτοῖς· καὶ ἔμεινεν ἐκεῖ δύο ἡμέρας. 41 καὶ πολλῷ πλείους ἐπίστευσαν διὰ τὸν λόγον αὐτοῦ, 42 τῇ τε γυναικὶ ἔλεγον ὅτι

Οὐκέτι διὰ τὴν σὴν λαλιὰν πιστεύομεν· αὐτοὶ γὰρ ἀκηκόαμεν, καὶ οἴδαμεν ὅτι οὗτός ἐστιν ἀληθῶς ὁ σωτὴρ τοῦ κόσμου.

43 Μετὰ δὲ τὰς δύο ἡμέρας ἐξῆλθεν ἐκεῖθεν εἰς τὴν Γαλιλαίαν· 44 αὐτὸς γὰρ Ἰησοῦς ἐμαρτύρησεν ὅτι προφήτης ἐν τῇ ἰδίᾳ πατρίδι τιμὴν οὐκ ἔχει. 45 ὅτε οὖν ἦλθεν εἰς τὴν Γαλιλαίαν, ἐδέξαντο αὐτὸν οἱ Γαλιλαῖοι, πάντα ἑωρακότες ὅσα ἐποίησεν ἐν Ἱεροσολύμοις ἐν τῇ ἑορτῇ, καὶ αὐτοὶ γὰρ ἦλθον εἰς τὴν ἑορτήν. 46 Ἦλθεν οὖν πάλιν εἰς τὴν Κανὰ τῆς Γαλιλαίας, ὅπου ἐποίησεν τὸ ὕδωρ οἶνον. καὶ ἦν τις βασιλικὸς οὗ ὁ υἱὸς ἠσθένει ἐν Καφαρναούμ.

4:39 Ahora, de la ciudad aquella muchos creyeron en él, (esto es) de los samaritanos, por causa de la palabra de la mujer testificando, 'Me dijo a mí todas las cosas que yo hice.' 4:40 De modo que, cuando vinieron a él los samaritanos, le pedían a él permanecer con ellos, y permaneció en ese lugar dos días. 4:41 Y muchos más creyeron a causa de la palabra de él. 4:42 Y a la mujer le decían, "Ya no (es) a causa de tu dicho (que) nosotros creemos, pues nosotros mismos hemos oído y nosotros sabemos que este es verdaderamente el salvador del mundo." 4:43 Ahora, después de dos días, salió de ahí a la Galilea. 4:44 Porque Jesús mismo testificó que un profeta, en su propia tierra, honor no tiene. 4:45 Entonces, cuando vino a la Galilea, le dieron la bienvenida a él los galileos, todos los que habían visto cualquier cosa que hizo en Jerusalén, en el festival, porque también ellos mismos fueron al festival. 4:46 Entonces vino otra vez a Caná de la Galilea, donde hizo el agua vino. Y había cierto oficial real quien (tenía) el hijo enfermo en Capernaum.

4:47 Este, después que escuchó que Jesús vino de Judea a la Galilea, fue a él y le pedía que bajara y sanara su hijo, porque estaba a punto de morir. 4:48 Entonces le dijo Jesús a él, "Si ustedes no vieran las señales y los prodigios, ustedes nunca jamás creerían." 4:49 Le dice a él el oficial real, "Señor, baja antes de que muera el niño mío." 4:50 Le dice a él Jesús, "Ve, el hijo tuyo vive." Creyó el hombre en la palabra que Jesús le dijo a él, e iba (por su camino). 4:51 Ahora, entretanto él descendía, los esclavos de él lo encontraron a él diciendo, "El niño tuyo vive." 4:52 Entonces, preguntó la hora desde la cual él tuvo mejoría; entonces le dijeron a él, "Ayer, a la séptima hora salió de él la fiebre." 4:53 Entonces supo el padre qué (ocurrió) en aquella hora, en la cual dijo a él Jesús, "El hijo tuyo vive." Y creyó él mismo, y la casa suya completa. 4:54 Ahora, esta (fue), otra vez, la segunda señal que hizo Jesús cuando vino de Judea a la Galilea. 5:1 Después de estas cosas, había un festival de los judíos, y subió Jesús a Jerusalén.

5:2 Ahora, hay en Jerusalén, cerca de la Puerta del Cordero, una piscina llamada en hebreo "Betesda," teniendo cinco pórticos. 5:3 En aquellos (lugares) se acostaban un gran número de los que están enfermos, ciegos, cojos, y paralíticos. 5:5 Entonces, había cierta persona ahí, teniendo treinta y ocho años en la enfermedad de él. 5:6 Cuando Jesús vio a este estando acostado, y cuando supo que ya tiene mucho tiempo (así), le dice a él, "¿Tú quieres volverte saludable?" 5:7 Respondió a él el enfermo, "Señor, no tengo persona para (que) cuando el agua sea alborotada me baje a la piscina. Así que, en el (tiempo) en que yo mismo vengo, otro antes de mí baja. 5:8 Le dice a él Jesús, "Levántate, toma la camilla tuya, y camina."

5:9–18

9 καὶ εὐθέως ἐγένετο ὑγιὴς ὁ ἄνθρωπος καὶ ἦρε τὸν κράβαττον αὐτοῦ καὶ περιεπάτει. Ἦν δὲ σάββατον ἐν ἐκείνῃ τῇ ἡμέρᾳ. 10 ἔλεγον οὖν οἱ Ἰουδαῖοι τῷ τεθεραπευμένῳ·

Σάββατόν ἐστιν, καὶ οὐκ ἔξεστίν σοι ἆραι τὸν κράβαττον.

11 ὃς δὲ ἀπεκρίθη αὐτοῖς·

Ὁ ποιήσας με ὑγιῆ ἐκεῖνός μοι εἶπεν Ἆρον τὸν κράβαττόν σου καὶ περιπάτει.

12 ἠρώτησαν οὖν αὐτόν·

Τίς ἐστιν ὁ ἄνθρωπος ὁ εἰπών σοι· Ἆρον καὶ περιπάτει;

13 ὁ δὲ ἰαθεὶς οὐκ ᾔδει τίς ἐστιν, ὁ γὰρ Ἰησοῦς ἐξένευσεν ὄχλου ὄντος ἐν τῷ τόπῳ. 14 μετὰ ταῦτα εὑρίσκει αὐτὸν ὁ Ἰησοῦς ἐν τῷ ἱερῷ καὶ εἶπεν αὐτῷ·

Ἴδε ὑγιὴς γέγονας· μηκέτι ἁμάρτανε, ἵνα μὴ χεῖρόν σοί τι γένηται.

15 ἀπῆλθεν ὁ ἄνθρωπος καὶ ἀνήγγειλεν τοῖς Ἰουδαίοις ὅτι Ἰησοῦς ἐστιν ὁ ποιήσας αὐτὸν ὑγιῆ. 16 καὶ διὰ τοῦτο ἐδίωκον οἱ Ἰουδαῖοι τὸν Ἰησοῦν ὅτι ταῦτα ἐποίει ἐν σαββάτῳ.

17 ὁ δὲ ἀπεκρίνατο αὐτοῖς·

Ὁ πατήρ μου ἕως ἄρτι ἐργάζεται κἀγὼ ἐργάζομαι.

18 διὰ τοῦτο οὖν μᾶλλον ἐζήτουν αὐτὸν οἱ Ἰουδαῖοι ἀποκτεῖναι ὅτι οὐ μόνον ἔλυε τὸ σάββατον, ἀλλὰ καὶ πατέρα ἴδιον ἔλεγε τὸν θεόν, ἴσον ἑαυτὸν ποιῶν τῷ θεῷ.

5:9 E inmediatamente se puso saludable la persona y tomó la camilla de él y caminaba. Y era el Shabbat en aquel día. 5:10 Entonces le decían los oficiales judíos al que había sido sanado, "Es el Shabbat, y no está permitido para ti tomar la camilla." 5:11 Ahora bien, él les respondió a ellos, "El que me hizo sano, aquél a mí me dijo, 'Toma la camilla tuya y camina.'" 5:12 Le preguntaron a él, "¿Quién es la persona que te dijo a ti, 'Toma y camina'?" 5:13 Pero el que fue sanado no sabía quién es, porque Jesús desapareció de la multitud (que) estaba en el lugar. 5:14 Después de estas cosas, lo encuentra a él Jesús en el templo y le dijo a él, "¡Mira! Te has vuelto sano. Ya no peques, con el propósito de que no te pase algo peor a ti." 5:15 Se fue la persona y relató a los oficiales judíos que Jesús es el que lo hizo a él sano. 5:16 Y por esto perseguían los oficiales judíos a Jesús, porque estas cosas hacía en el Shabbat. 5:17 Pero él les contestó a ellos, "El Padre mío hasta ahora trabaja como yo trabajo." 5:18 Así que por esto, los oficiales judíos lo buscaban a él aún más para matarlo, porque no solo quebrantaba el Shabbat, sino también decía que su propio Padre (era) Dios, haciéndose a sí mismo igual a Dios.

19 Ἀπεκρίνατο οὖν ὁ Ἰησοῦς καὶ ἔλεγεν αὐτοῖς·

Ἀμὴν ἀμὴν λέγω ὑμῖν, οὐ δύναται ὁ υἱὸς ποιεῖν ἀφ' ἑαυτοῦ οὐδὲν ἐὰν μή τι βλέπῃ τὸν πατέρα ποιοῦντα· ἃ γὰρ ἂν ἐκεῖνος ποιῇ, ταῦτα καὶ ὁ υἱὸς ὁμοίως ποιεῖ.

20 ὁ γὰρ πατὴρ φιλεῖ τὸν υἱὸν καὶ πάντα δείκνυσιν αὐτῷ ἃ αὐτὸς ποιεῖ, καὶ μείζονα τούτων δείξει αὐτῷ ἔργα, ἵνα ὑμεῖς θαυμάζητε. 21 ὥσπερ γὰρ ὁ πατὴρ ἐγείρει τοὺς νεκροὺς καὶ ζῳοποιεῖ, οὕτως καὶ ὁ υἱὸς οὓς θέλει ζῳοποιεῖ. 22 οὐδὲ γὰρ ὁ πατὴρ κρίνει οὐδένα, ἀλλὰ τὴν κρίσιν πᾶσαν δέδωκεν τῷ υἱῷ,

23 ἵνα πάντες τιμῶσι τὸν υἱὸν καθὼς τιμῶσι τὸν πατέρα. ὁ μὴ τιμῶν τὸν υἱὸν οὐ τιμᾷ τὸν πατέρα τὸν πέμψαντα αὐτόν. 24 Ἀμὴν ἀμὴν λέγω ὑμῖν ὅτι ὁ τὸν λόγον μου ἀκούων καὶ πιστεύων τῷ πέμψαντί με ἔχει ζωὴν αἰώνιον, καὶ εἰς κρίσιν οὐκ ἔρχεται ἀλλὰ μεταβέβηκεν ἐκ τοῦ θανάτου εἰς τὴν ζωήν. 25 Ἀμὴν ἀμὴν λέγω ὑμῖν ὅτι ἔρχεται ὥρα καὶ νῦν ἐστιν ὅτε οἱ νεκροὶ ἀκούσουσιν τῆς φωνῆς τοῦ υἱοῦ τοῦ θεοῦ καὶ οἱ ἀκούσαντες ζήσουσιν. 26 ὥσπερ γὰρ ὁ πατὴρ ἔχει ζωὴν ἐν ἑαυτῷ, οὕτως καὶ τῷ υἱῷ ἔδωκεν ζωὴν ἔχειν ἐν ἑαυτῷ· 27 καὶ ἐξουσίαν ἔδωκεν αὐτῷ κρίσιν ποιεῖν, ὅτι υἱὸς ἀνθρώπου ἐστίν. 28 μὴ θαυμάζετε τοῦτο, ὅτι ἔρχεται ὥρα ἐν ᾗ πάντες οἱ ἐν τοῖς μνημείοις ἀκούσουσιν τῆς φωνῆς αὐτοῦ 29 καὶ ἐκπορεύσονται οἱ τὰ ἀγαθὰ ποιήσαντες εἰς ἀνάστασιν ζωῆς, οἱ δὲ τὰ φαῦλα πράξαντες εἰς ἀνάστασιν κρίσεως.

5:19 Entonces respondió Jesús y decía a ellos, "¡Amén! ¡Amén! Yo les digo a ustedes, no puede el Hijo hacer nada de sí mismo si no (es) lo que ve al Padre haciendo; porque lo que aquel haría, estas cosas también el Hijo mismo de igual manera hace. 5:20 Porque el Padre quiere al Hijo y le muestra a él todas las cosas que él mismo hace, y estas obras grandes le mostrará a él, con el propósito de que ustedes mismos se maravillen. 5:21 Porque de igual manera que el Padre levanta a los muertos y los vivifica, así también el Hijo a quienes él desea, él vivifica. 5:22 Porque el Padre no juzga a nadie, sino que todo juicio ha dado al Hijo, 5:23 con el propósito de que todos honren al Hijo de igual manera que ellos honran al Padre. El que no honra al Hijo no honra al Padre que lo envió a él. 5:24 ¡Amén! ¡Amén! Yo les digo a ustedes que el que está oyendo la palabra mía y creyendo al que me envió tiene vida eterna, y al juicio no va, sino que ha pasado de la muerte a la vida. 5:25 ¡Amén! ¡Amén! Yo les digo a ustedes que viene la hora, y ya es, cuando los muertos oirán la voz del Hijo de Dios y los que (la) oyeron vivirán. 5:26 Porque de igual manera que el Padre tiene vida en sí mismo, así también al Hijo dio vida para tenerla en sí mismo. 5:27 Y autoridad le dio a él para hacer juicio, porque es el Hijo del Hombre. 5:28 No se asombren de esto, porque viene la hora en que todos los que (están) en las tumbas oirán la voz de él. 5:29 Y saldrán los que hicieron el bien a la resurrección de la vida, pero los que practican la maldad (saldrán) a la resurrección del juicio.

30 Οὐ δύναμαι ἐγὼ ποιεῖν ἀπ' ἐμαυτοῦ οὐδέν· καθὼς ἀκούω κρίνω, καὶ ἡ κρίσις ἡ ἐμὴ δικαία ἐστίν, ὅτι οὐ ζητῶ τὸ θέλημα τὸ ἐμὸν ἀλλὰ τὸ θέλημα τοῦ πέμψαντός με. 31 Ἐὰν ἐγὼ μαρτυρῶ περὶ ἐμαυτοῦ, ἡ μαρτυρία μου οὐκ ἔστιν ἀληθής· 32 ἄλλος ἐστὶν ὁ μαρτυρῶν περὶ ἐμοῦ, καὶ οἶδα ὅτι ἀληθής ἐστιν ἡ μαρτυρία ἣν μαρτυρεῖ περὶ ἐμοῦ. 33 ὑμεῖς ἀπεστάλκατε πρὸς Ἰωάννην, καὶ μεμαρτύρηκε τῇ ἀληθείᾳ· 34 ἐγὼ δὲ οὐ παρὰ ἀνθρώπου τὴν μαρτυρίαν λαμβάνω, ἀλλὰ ταῦτα λέγω ἵνα ὑμεῖς σωθῆτε. 35 ἐκεῖνος ἦν ὁ λύχνος ὁ καιόμενος καὶ φαίνων, ὑμεῖς δὲ ἠθελήσατε ἀγαλλιαθῆναι πρὸς ὥραν ἐν τῷ φωτὶ αὐτοῦ· 36 ἐγὼ δὲ ἔχω τὴν μαρτυρίαν μείζω τοῦ Ἰωάννου, τὰ γὰρ ἔργα ἃ δέδωκέν μοι ὁ πατὴρ ἵνα τελειώσω αὐτά, αὐτὰ τὰ ἔργα ἃ ποιῶ, μαρτυρεῖ περὶ ἐμοῦ ὅτι ὁ πατήρ με ἀπέσταλκεν, 37 καὶ ὁ πέμψας με πατὴρ ἐκεῖνος μεμαρτύρηκεν περὶ ἐμοῦ. οὔτε φωνὴν αὐτοῦ πώποτε ἀκηκόατε οὔτε εἶδος αὐτοῦ ἑωράκατε, 38 καὶ τὸν λόγον αὐτοῦ οὐκ ἔχετε ἐν ὑμῖν μένοντα, ὅτι ὃν ἀπέστειλεν ἐκεῖνος τούτῳ ὑμεῖς οὐ πιστεύετε. 39 Ἐραυνᾶτε τὰς γραφάς, ὅτι ὑμεῖς δοκεῖτε ἐν αὐταῖς ζωὴν αἰώνιον ἔχειν· καὶ ἐκεῖναί εἰσιν αἱ μαρτυροῦσαι περὶ ἐμοῦ· 40 καὶ οὐ θέλετε ἐλθεῖν πρός με ἵνα ζωὴν ἔχητε. 41 δόξαν παρὰ ἀνθρώπων οὐ λαμβάνω, 42 ἀλλὰ ἔγνωκα ὑμᾶς ὅτι τὴν ἀγάπην τοῦ θεοῦ οὐκ ἔχετε ἐν ἑαυτοῖς. 43 ἐγὼ ἐλήλυθα ἐν τῷ ὀνόματι τοῦ πατρός μου καὶ οὐ λαμβάνετέ με· ἐὰν ἄλλος ἔλθῃ ἐν τῷ ὀνόματι τῷ ἰδίῳ, ἐκεῖνον λήμψεσθε. 44 πῶς δύνασθε ὑμεῖς πιστεῦσαι, δόξαν παρ' ἀλλήλων λαμβάνοντες, καὶ τὴν δόξαν τὴν παρὰ τοῦ μόνου θεοῦ οὐ ζητεῖτε; 45 μὴ δοκεῖτε ὅτι ἐγὼ κατηγορήσω ὑμῶν πρὸς τὸν πατέρα· ἔστιν ὁ κατηγορῶν ὑμῶν Μωϋσῆς, εἰς ὃν ὑμεῖς ἠλπίκατε. 46 εἰ γὰρ ἐπιστεύετε Μωϋσεῖ, ἐπιστεύετε ἂν ἐμοί, περὶ γὰρ ἐμοῦ ἐκεῖνος ἔγραψεν. 47 εἰ δὲ τοῖς ἐκείνου γράμμασιν οὐ πιστεύετε, πῶς τοῖς ἐμοῖς ῥήμασιν πιστεύσετε;

5:30 Yo mismo no puedo hacer nada de mí mismo. Según yo oigo, yo juzgo, y el juicio mío justo es, porque yo no busco la voluntad mía, sino la voluntad del que me envió. 5:31 Si yo mismo testificara sobre mí mismo, el testimonio mío no es verdadero. 5:32 Otro es el que testifica sobre mí, y yo sé que verdadero es el testimonio que testifica sobre mí. 5:33 Ustedes mismos han enviado (personas) a Juan, y él ha testificado a la verdad. 5:34 Y yo mismo no recibo de la gente el testimonio, pero yo digo estas cosas con el propósito de que ustedes mismos sean salvos. 5:35 Aquel era la lámpara que quema e ilumina, y ustedes mismos quisieron alegrarse por una hora en la luz de él. 5:36 Pero yo mismo tengo mayor testimonio que el de Juan, porque las obras que me ha dado el Padre, con el propósito de que las complete, las obras mismas que yo hago testifican sobre mí que el Padre me ha enviado.

Chapter 6

6:1 Μετὰ ταῦτα ἀπῆλθεν ὁ Ἰησοῦς πέραν τῆς θαλάσσης τῆς Γαλιλαίας τῆς Τιβεριάδος. 2 ἠκολούθει δὲ αὐτῷ ὄχλος πολύς, ὅτι ἐθεώρουν τὰ σημεῖα ἃ ἐποίει ἐπὶ τῶν ἀσθενούντων.

5:37 Y el que me envió a mí, el Padre, aquél ha testificado sobre mí. La voz de él no ha sido oída en ningún momento, ni la apariencia de él ha sido vista. 5:38 Y la palabra de él no tienen permaneciendo en ustedes, porque quien lo mandó (fue) aquel, a este ustedes mismos no (le) creen. 5:39 Ustedes investigan las Escrituras porque ustedes mismos piensan en ellas tener la vida eterna; y aquéllas son las que testifican sobre mí. 5:40 Y no desean venir a mí con el propósito de tener vida. 5:41 La gloria de las personas yo no recibo. 5:42 Pero les he conocido a ustedes, que no tienen el amor de Dios en ustedes mismos. 5:43 Yo mismo he venido en nombre del Padre mío, y no me reciben; si otro viniera en su propio nombre, a aquel recibirán. 5:44 ¿Cómo pueden ustedes mismos creer, mientras reciben gloria (el) uno del otro, y la gloria del Único Dios no buscan? 5:45 No piensen que yo mismo les acusaré a ustedes ante el Padre; el acusador de ustedes es Moisés, en quien ustedes mismos han esperado. 5:46 Porque si ustedes creyeran a Moisés, creerían en mí, porque sobre mí aquel escribió. 5:47 Pero si a aquellas Escrituras ustedes no creen, ¿cómo en mis palabras creerán?" 6:1 Después de estas cosas, Jesús partió al otro lado del lago de la Galilea de Tiberias. 6:2 Y le seguía a él la gran multitud, porque observaban las señales que él hacía sobre los enfermos.

6:3 Y Jesús subió al monte y ahí se sentaba con los estudiantes de él. 6:4 Y era casi la Pascua, la fiesta de los judíos. 6:5 Entonces, cuando Jesús levantó los ojos y vio que una gran multitud viene a él, le dice a Felipe, "¿De dónde debemos comprar pan para que coman éstos?" 6:6 Ahora, esto lo decía probándolo, porque él sabía qué estaba a punto de hacer. 6:7 Felipe le respondió a él, "Panes de doscientos denarios no son suficientes para ellos, para que cada uno reciba un poco de algo." 6:8 Le dice a él uno de los estudiantes de él, Andrés, el hermano de Simón Pedro, 6:9 "Hay un niño aquí quien tiene cinco panes de cebada y dos peces, pero, estas cosas, ¿qué son para tantos?" 6:10 Dijo Jesús, "Hagan a las personas reclinarse." Ahora, había mucho pasto en el lugar. Entonces se reclinaron los hombres, el número (era) como cinco mil. 6:11 Entonces Jesús tomó los panes y, después de dar las gracias, dio a los que estaban reclinándose, de la misma manera también de los peces, tantos como querían.

6:12–18

12 ὡς δὲ ἐνεπλήσθησαν λέγει τοῖς μαθηταῖς αὐτοῦ·

Συναγάγετε τὰ περισσεύσαντα κλάσματα, ἵνα μή τι ἀπόληται.

13 συνήγαγον οὖν, καὶ ἐγέμισαν δώδεκα κοφίνους κλασμάτων ἐκ τῶν πέντε ἄρτων τῶν κριθίνων ἃ ἐπερίσσευσαν τοῖς βεβρωκόσιν.

14 οἱ οὖν ἄνθρωποι ἰδόντες ὃ ἐποίησεν σημεῖον ἔλεγον ὅτι

Οὗτός ἐστιν ἀληθῶς ὁ προφήτης ὁ ἐρχόμενος εἰς τὸν κόσμον.

15 Ἰησοῦς οὖν γνοὺς ὅτι μέλλουσιν ἔρχεσθαι καὶ ἁρπάζειν αὐτὸν ἵνα ποιήσωσιν βασιλέα ἀνεχώρησεν πάλιν εἰς τὸ ὄρος αὐτὸς μόνος.

16 Ὡς δὲ ὀψία ἐγένετο κατέβησαν οἱ μαθηταὶ αὐτοῦ ἐπὶ τὴν θάλασσαν, 17 καὶ ἐμβάντες εἰς πλοῖον ἤρχοντο πέραν τῆς θαλάσσης εἰς Καφαρναούμ. καὶ σκοτία ἤδη ἐγεγόνει καὶ οὔπω ἐληλύθει πρὸς αὐτοὺς ὁ Ἰησοῦς, 18 ἥ τε θάλασσα ἀνέμου μεγάλου πνέοντος διεγείρετο.

6:12 Y, según se llenaron, él les dice a los estudiantes de él, "Reúnan los pedazos que quedaron, con el propósito de que no se pierda nada." 6:13 Entonces los juntaron y llenaron doce cestos de pedazos de los cinco panes de cebada que sobraron a los que habían comido. 6:14 Entonces las personas, cuando vieron que hizo una señal, decían, "Este es verdaderamente el profeta que viene al mundo." 6:15 Entonces Jesús, cuando supo que estaban a punto de venir y raptarlo a él con el propósito de que ellos lo hicieran rey, se alejó otra vez al monte él solo. 6:16 Ahora, cuando llegó la tarde, los estudiantes de él bajaron al lago. 6:17 Y cuando subieron al barco, iban al otro lado del lago, a Capernaum. Y la oscuridad ya había llegado, y todavía no había venido a ellos Jesús. 6:18 También el lago, a causa del gran viento soplante, se despierta.

6:19–28

19 ἐληλακότες οὖν ὡς σταδίους εἴκοσι πέντε ἢ τριάκοντα θεωροῦσιν τὸν Ἰησοῦν περιπατοῦντα ἐπὶ τῆς θαλάσσης καὶ ἐγγὺς τοῦ πλοίου γινόμενον, καὶ ἐφοβήθησαν. 20 ὁ δὲ λέγει αὐτοῖς·

Ἐγώ εἰμι, μὴ φοβεῖσθε.

21 ἤθελον οὖν λαβεῖν αὐτὸν εἰς τὸ πλοῖον, καὶ εὐθέως ἐγένετο τὸ πλοῖον ἐπὶ τῆς γῆς εἰς ἣν ὑπῆγον.

22 Τῇ ἐπαύριον ὁ ὄχλος ὁ ἑστηκὼς πέραν τῆς θαλάσσης εἶδον ὅτι πλοιάριον ἄλλο οὐκ ἦν ἐκεῖ εἰ μὴ ἕν, καὶ ὅτι οὐ συνεισῆλθεν τοῖς μαθηταῖς αὐτοῦ ὁ Ἰησοῦς εἰς τὸ πλοῖον ἀλλὰ μόνοι οἱ μαθηταὶ αὐτοῦ ἀπῆλθον· 23 ἀλλὰ ἦλθεν πλοιάρια ἐκ Τιβεριάδος ἐγγὺς τοῦ τόπου ὅπου ἔφαγον τὸν ἄρτον εὐχαριστήσαντος τοῦ κυρίου. 24 ὅτε οὖν εἶδεν ὁ ὄχλος ὅτι Ἰησοῦς οὐκ ἔστιν ἐκεῖ οὐδὲ οἱ μαθηταὶ αὐτοῦ, ἐνέβησαν αὐτοὶ εἰς τὰ πλοιάρια καὶ ἦλθον εἰς Καφαρναοὺμ ζητοῦντες τὸν Ἰησοῦν.

25 Καὶ εὑρόντες αὐτὸν πέραν τῆς θαλάσσης εἶπον αὐτῷ·

Ῥαββί, πότε ὧδε γέγονας;

26 ἀπεκρίθη αὐτοῖς ὁ Ἰησοῦς καὶ εἶπεν·

Ἀμήν. Ἀμήν. Λέγω ὑμῖν, ζητεῖτέ με οὐχ ὅτι εἴδετε σημεῖα ἀλλ' ὅτι ἐφάγετε ἐκ τῶν ἄρτων καὶ ἐχορτάσθητε· 27 ἐργάζεσθε μὴ τὴν βρῶσιν τὴν ἀπολλυμένην ἀλλὰ τὴν βρῶσιν τὴν μένουσαν εἰς ζωὴν αἰώνιον, ἣν ὁ υἱὸς τοῦ ἀνθρώπου ὑμῖν δώσει, τοῦτον γὰρ ὁ πατὴρ ἐσφράγισεν ὁ θεός.

28 εἶπον οὖν πρὸς αὐτόν·

Τί ποιῶμεν ἵνα ἐργαζώμεθα τὰ ἔργα τοῦ θεοῦ;

6:19 Entonces, cuando habían remado como veinticinco o treinta estadios, vieron a Jesús caminando sobre el lago y viniendo cerca del barco, y se aterraron. 6:20 Pero él les dice a ellos, "¡Soy yo mismo! ¡No tengan miedo!" 6:21 Entonces querían recibirlo a él en el barco, e inmediatamente llegó el barco sobre la tierra, a la cuál iban. 6:22 Al día siguiente, la multitud que había estado parada al otro lado del lago vieron que el otro barco no estaba ahí, excepto uno, y que Jesús no entró con los estudiantes de él al barco, sino (que) los estudiantes de él partieron solos. 6:23 Pero vinieron barcos de Tiberias, cerca del lugar donde comieron pan, después de darle gracias al Señor. 6:24 Entonces cuando la multitud vio que Jesús no está ahí, ni los estudiantes de él, ellos mismos subieron a los barcos y fueron a Capernaum buscando a Jesús. 6:25 Y cuando lo encontraron a él, al otro lado del lago, le dijeron a él, "Rabbí, ¿cuándo has llegado aquí?" 6:26 Le respondió a ellos Jesús y les dijo, "¡Amén! ¡Amén! Yo les digo a ustedes, ustedes me buscan no porque ustedes vieron una señal, sino porque comieron de los panes y se llenaron; 6:27 Trabajen, no (por) la comida que perece, sino (por) la comida que permanece hasta la vida eterna, la cual el Hijo del Hombre a ustedes dará, porque a este el Padre Dios selló." 6:28 Entonces ellos le dijeron a él, "¿Qué podríamos hacer para que nosotros obremos las obras de Dios?"

6:29–40

29 ἀπεκρίθη ὁ Ἰησοῦς καὶ εἶπεν αὐτοῖς·

Τοῦτό ἐστιν τὸ ἔργον τοῦ θεοῦ ἵνα πιστεύητε εἰς ὃν ἀπέστειλεν ἐκεῖνος.

30 εἶπον οὖν αὐτῷ·

Τί οὖν ποιεῖς σὺ σημεῖον, ἵνα ἴδωμεν καὶ πιστεύσωμέν σοι; τί ἐργάζῃ; 31 οἱ πατέρες ἡμῶν τὸ μάννα ἔφαγον ἐν τῇ ἐρήμῳ, καθώς ἐστιν γεγραμμένον· Ἄρτον ἐκ τοῦ οὐρανοῦ ἔδωκεν αὐτοῖς φαγεῖν.

32 εἶπεν οὖν αὐτοῖς ὁ Ἰησοῦς·

Ἀμήν. Ἀμήν. Λέγω ὑμῖν, οὐ Μωϋσῆς δέδωκεν ὑμῖν τὸν ἄρτον ἐκ τοῦ οὐρανοῦ, ἀλλ' ὁ πατήρ μου δίδωσιν ὑμῖν τὸν ἄρτον ἐκ τοῦ οὐρανοῦ τὸν ἀληθινόν· 33 ὁ γὰρ ἄρτος τοῦ θεοῦ ἐστιν ὁ καταβαίνων ἐκ τοῦ οὐρανοῦ καὶ ζωὴν διδοὺς τῷ κόσμῳ.

34 εἶπον οὖν πρὸς αὐτόν·

Κύριε, πάντοτε δὸς ἡμῖν τὸν ἄρτον τοῦτον.

35 Εἶπεν αὐτοῖς ὁ Ἰησοῦς·

Ἐγώ εἰμι ὁ ἄρτος τῆς ζωῆς· ὁ ἐρχόμενος πρός ἐμὲ οὐ μὴ πεινάσῃ, καὶ ὁ πιστεύων εἰς ἐμὲ οὐ μὴ διψήσει πώποτε. 36 ἀλλ' εἶπον ὑμῖν ὅτι καὶ ἑωράκατέ με καὶ οὐ πιστεύετε 37 πᾶν ὃ δίδωσίν μοι ὁ πατὴρ πρὸς ἐμὲ ἥξει, καὶ τὸν ἐρχόμενον πρός με οὐ μὴ ἐκβάλω ἔξω 38 ὅτι καταβέβηκα ἀπὸ τοῦ οὐρανοῦ οὐχ ἵνα ποιῶ τὸ θέλημα τὸ ἐμὸν ἀλλὰ τὸ θέλημα τοῦ πέμψαντός με 39 τοῦτο δέ ἐστιν τὸ θέλημα τοῦ πέμψαντός με ἵνα πᾶν ὃ δέδωκέν μοι μὴ ἀπολέσω ἐξ αὐτοῦ ἀλλὰ ἀναστήσω αὐτὸ τῇ ἐσχάτῃ ἡμέρᾳ 40 τοῦτο γάρ ἐστιν τὸ θέλημα τοῦ πατρός μου ἵνα πᾶς ὁ θεωρῶν τὸν υἱὸν καὶ πιστεύων εἰς αὐτὸν ἔχῃ ζωὴν αἰώνιον, καὶ ἀναστήσω αὐτὸν ἐγὼ τῇ ἐσχάτῃ ἡμέρᾳ.

6:29 Respondió Jesús y dijo a ellos, "Esta es la obra de Dios, que crean en quien aquel mandó." 6:30 Entonces ellos dijeron a él, "Entonces, tú mismo, ¿qué señal haces que resulte en que nosotros veamos y creamos en ti? ¿Qué (obras) estás obrando? 6:31 Los padres de nosotros el maná comieron en el desierto, justo como se ha escrito, 'Pan del cielo les dio a ellos para comer.'" 6:32 Entonces le dijo a ellos Jesús, "¡Amén! ¡Amén! Yo les digo a ustedes, Moisés no les ha dado a ustedes pan del cielo, sino el Padre mío les da a ustedes pan del cielo, el verdadero. 6:33 Porque el pan de Dios es el que está bajando del cielo y dando vida al mundo." 6:34 Entonces ellos le dijeron a él, "Señor, en todo momento danos a nosotros el pan este." 6:35 Le dijo a ellos Jesús, "Yo mismo soy el pan de vida; el que viene a mí nunca jamás tendrá hambre, y el que cree en mí nunca jamás tendrá sed, en ningún momento. 6:36 Pero yo les dije a ustedes que verdaderamente me han visto, y no creen. 6:37 Todo el que el Padre me da a mí, estará presente en mí; y al que viene a mí, yo nunca jamás expulsaría afuera. 6:38 Porque yo he bajado del cielo, no con el propósito de que yo hiciera mi propia voluntad, sino la voluntad del que me envió. 6:39 Ahora, ésta es la voluntad del que me envió, que todo el que me ha dado a mí, yo no (lo) pierda de él, sino (que) yo lo levantaré en el último día. 6:40 Pues esta es la voluntad del Padre mío, que todo el que ve al hijo y (todo el que) cree en él tenga vida eterna, y yo mismo lo levantaré a él en el último día."

6:41 Entonces murmuraban los oficiales judíos sobre él porque dijo, "Yo mismo soy el pan que bajó del cielo," 6:42 Y decían, "¿No es este Jesús, el hijo de José, cuyo padre y madre nosotros mismos conocemos? ¿Cómo ahora dice 'Del cielo yo he bajado'?" 6:43 Respondió Jesús y dijo a ellos, "No murmuren los unos con los otros." 6:44 Nadie puede venir a mí si el Padre que me mandó no lo atrajera a él, y yo mismo lo levantaré a él en el último día. 6:45 Está escrito en los profetas, 'Y serán todos los instruidos de Dios.' Todo el que escuchó del Padre y aprendió viene a mí. 6:46 No que alguien ha visto al Padre, excepto el que es de Dios, éste ha visto al Padre. 6:47 ¡Amén! ¡Amén! Yo les digo a ustedes, el que cree tiene vida eterna. 6:48 Yo mismo soy el pan de vida. 6:49 Los padres de ustedes comieron en el desierto el maná y murieron. 6:50 Este es el pan, el que del cielo está bajando, con el propósito de que alguien de él coma y no muera. 6:51 Yo mismo soy el pan viviente, el que del cielo bajó, si alguien come de este pan, vivirá hasta la eternidad, y también el pan que yo mismo daré es carne mía en favor de la vida del mundo." 6:52 Entonces los judíos discutían los unos con los otros diciendo, "¿Cómo puede éste a nosotros dar la carne de él para comer?"

6:53–65

6:53 εἶπεν οὖν αὐτοῖς ὁ Ἰησοῦς·

Ἀμήν. Ἀμήν. Λέγω ὑμῖν, ἐὰν μὴ φάγητε τὴν σάρκα τοῦ υἱοῦ τοῦ ἀνθρώπου καὶ πίητε αὐτοῦ τὸ αἷμα, οὐκ ἔχετε ζωὴν ἐν ἑαυτοῖς. 54 ὁ τρώγων μου τὴν σάρκα καὶ πίνων μου τὸ αἷμα ἔχει ζωὴν αἰώνιον, κἀγὼ ἀναστήσω αὐτὸν τῇ ἐσχάτῃ ἡμέρᾳ.

55 ἡ γὰρ σάρξ μου ἀληθής ἐστι βρῶσις, καὶ τὸ αἷμά μου ἀληθής ἐστι πόσις.

56 ὁ τρώγων μου τὴν σάρκα καὶ πίνων μου τὸ αἷμα ἐν ἐμοὶ μένει κἀγὼ ἐν αὐτῷ. 57 καθὼς ἀπέστειλέν με ὁ ζῶν πατὴρ κἀγὼ ζῶ διὰ τὸν πατέρα, καὶ ὁ τρώγων με κἀκεῖνος ζήσει δι' ἐμέ. 58 οὗτός ἐστιν ὁ ἄρτος ὁ ἐξ οὐρανοῦ καταβάς, οὐ καθὼς ἔφαγον οἱ πατέρες καὶ ἀπέθανον· ὁ τρώγων τοῦτον τὸν ἄρτον ζήσει εἰς τὸν αἰῶνα.

59 ταῦτα εἶπεν ἐν συναγωγῇ διδάσκων ἐν Καφαρναούμ.

60 Πολλοὶ οὖν ἀκούσαντες ἐκ τῶν μαθητῶν αὐτοῦ εἶπαν·

Σκληρός ἐστιν ὁ λόγος οὗτος· τίς δύναται αὐτοῦ ἀκούειν;

61 εἰδὼς δὲ ὁ Ἰησοῦς ἐν ἑαυτῷ ὅτι γογγύζουσιν περὶ τούτου οἱ μαθηταὶ αὐτοῦ εἶπεν αὐτοῖς·

Τοῦτο ὑμᾶς σκανδαλίζει; 62 ἐὰν οὖν θεωρῆτε τὸν υἱὸν τοῦ ἀνθρώπου ἀναβαίνοντα ὅπου ἦν τὸ πρότερον; 63 τὸ πνεῦμά ἐστιν τὸ ζῳοποιοῦν, ἡ σὰρξ οὐκ ὠφελεῖ οὐδέν· τὰ ῥήματα ἃ ἐγὼ λελάληκα ὑμῖν πνεῦμά ἐστιν καὶ ζωή ἐστιν.

64 ἀλλὰ εἰσὶν ἐξ ὑμῶν τινες οἳ οὐ πιστεύουσιν.

ᾔδει γὰρ ἐξ ἀρχῆς ὁ Ἰησοῦς τίνες εἰσὶν οἱ μὴ πιστεύοντες καὶ τίς ἐστιν ὁ παραδώσων αὐτόν. 65 καὶ ἔλεγεν·

Διὰ τοῦτο εἴρηκα ὑμῖν ὅτι οὐδεὶς δύναται ἐλθεῖν πρός με ἐὰν μὴ ᾖ δεδομένον αὐτῷ ἐκ τοῦ πατρός.

6:53 Entonces les dijo a ellos Jesús, "¡Amén! ¡Amén! Yo les digo a ustedes, si no comen la carne del Hijo del Hombre y beben su sangre, no tienen vida en ustedes mismos. 6:54 El que come mi carne y bebe mi sangre tiene vida eterna, y yo mismo lo resucitaré a él en el último día. 6:55 Porque la carne mía es verdadera comida, y la sangre mía es verdadera bebida. 6:56 El que come mi carne y bebe mi sangre en mí permanece y yo en él. 6:57 Así como me envió a mí el Padre viviente, y yo vivo por causa del Padre, así también el que me come, y aquel vivirá por causa de mí. 6:58 Este es el pan, el que del cielo bajó, no como comieron los padres y murieron; el que come este pan vivirá hasta la eternidad." 6:59 Estas cosas dijo en la sinagoga, enseñando en Capernaum. 6:60 Entonces, cuando oyeron, muchos de los estudiantes de él dijeron, "Dura es la palabra ésta; ¿quién puede oírla? 6:61 Pero, habiendo sabido Jesús en sí mismo que los estudiantes de él murmuran sobre esto, les dijo a ellos, "¿Esto les escandaliza a ustedes? 6:62 Entonces, ¿(qué) si vieran al Hijo del Hombre bajando (desde) donde estaba antes? 6:63 El Espíritu es el que vivifica, la carne no aprovecha nada; los dichos que yo mismo he hablado a ustedes son espíritu y son vida. 6:64 Pero hay algunos de ustedes quienes no creen." Porque Jesús había sabido desde el principio quiénes eran los que no creen y quién es el que lo traicionará a él. 6:65 Y él decía, "A causa de esto yo he dicho a ustedes que nadie puede venir a mí si no fuere dado a él del Padre.

6:66–7:7

66 Ἐκ τούτου πολλοὶ ἐκ τῶν μαθητῶν αὐτοῦ ἀπῆλθον εἰς τὰ ὀπίσω καὶ οὐκέτι μετ' αὐτοῦ περιεπάτουν. 67 εἶπεν οὖν ὁ Ἰησοῦς τοῖς δώδεκα·

Μὴ καὶ ὑμεῖς θέλετε ὑπάγειν;

68 ἀπεκρίθη αὐτῷ Σίμων Πέτρος· Κύριε, πρὸς τίνα ἀπελευσόμεθα; ῥήματα ζωῆς αἰωνίου ἔχεις,

69 καὶ ἡμεῖς πεπιστεύκαμεν καὶ ἐγνώκαμεν ὅτι σὺ εἶ ὁ ἅγιος τοῦ θεοῦ.

70 ἀπεκρίθη αὐτοῖς ὁ Ἰησοῦς·

Οὐκ ἐγὼ ὑμᾶς τοὺς δώδεκα ἐξελεξάμην; καὶ ἐξ ὑμῶν εἷς διάβολός ἐστιν.

71 ἔλεγεν δὲ τὸν Ἰούδαν Σίμωνος Ἰσκαριώτου· οὗτος γὰρ ἔμελλεν παραδιδόναι αὐτόν, εἷς ἐκ τῶν δώδεκα.

## Chapter 7

7:1 Καὶ μετὰ ταῦτα περιεπάτει ὁ Ἰησοῦς ἐν τῇ Γαλιλαίᾳ, οὐ γὰρ ἤθελεν ἐν τῇ Ἰουδαίᾳ περιπατεῖν, ὅτι ἐζήτουν αὐτὸν οἱ Ἰουδαῖοι ἀποκτεῖναι. 2 ἦν δὲ ἐγγὺς ἡ ἑορτὴ τῶν Ἰουδαίων ἡ σκηνοπηγία.

3 εἶπον οὖν πρὸς αὐτὸν οἱ ἀδελφοὶ αὐτοῦ·

Μετάβηθι ἐντεῦθεν καὶ ὕπαγε εἰς τὴν Ἰουδαίαν, ἵνα καὶ οἱ μαθηταί σου θεωρήσουσιν σοῦ τὰ ἔργα ἃ ποιεῖς· 4 οὐδεὶς γάρ τι ἐν κρυπτῷ ποιεῖ καὶ ζητεῖ αὐτὸς ἐν παρρησίᾳ εἶναι· εἰ ταῦτα ποιεῖς, φανέρωσον σεαυτὸν τῷ κόσμῳ.

5 οὐδὲ γὰρ οἱ ἀδελφοὶ αὐτοῦ ἐπίστευον εἰς αὐτόν. 6 λέγει οὖν αὐτοῖς ὁ Ἰησοῦς·

Ὁ καιρὸς ὁ ἐμὸς οὔπω πάρεστιν, ὁ δὲ καιρὸς ὁ ὑμέτερος πάντοτέ ἐστιν ἕτοιμος. 7 οὐ δύναται ὁ κόσμος μισεῖν ὑμᾶς, ἐμὲ δὲ μισεῖ, ὅτι ἐγὼ μαρτυρῶ περὶ αὐτοῦ ὅτι τὰ ἔργα αὐτοῦ πονηρά ἐστιν.

6:66 De esta (palabra), muchos de los estudiantes de él se volvieron atrás y ya no caminaban con él. 6:67 Entonces dijo Jesús a los doce, "¿Ustedes mismos tampoco quieren irse? (¡No!)" 6:68 Respondió a él Simón Pedro, "Señor, ¿a quién iremos nosotros? Tú tienes dichos de vida eterna, 6:69 y nosotros mismos hemos creído y hemos sabido que tú mismo eres el Santo de Dios." 6:70 Respondió a ellos Jesús, "¿No les escogí yo mismo a ustedes, los doce? (¡Sí!) Y de entre ustedes uno es adversario." 6:71 Ahora, hablaba (sobre) Judas, (hijo) de Simón Iscariote; porque éste, uno de los doce, estaba a punto de traicionarlo a él. 7:1 Y después de estas cosas, Jesús caminaba en la Galilea, pues no quería caminar en Judea, porque los oficiales judíos lo buscaban a él con el propósito de matarlo. 7:2 Ahora, estaba cerca la fiesta de los judíos, la Fiesta de los Tabernáculos. 7:3 Entonces, los hermanos de él le dijeron a él, "Pasa de aquí y ve a Judea, con el propósito de que también los estudiantes tuyos verán tus obras, las que tú haces. 7:4 Porque nadie hace nada en secreto y él mismo busca estar en público; si estas cosas tú (las) haces, revélate a ti mismo al mundo." 7:5 Pues ni aún los hermanos de él creían en él. 7:6 Entonces les dice a ellos Jesús, "El tiempo mío todavía no llega, y el tiempo de ustedes en todo momento está listo. 7:7 El mundo no puede odiarlos a ustedes, pero a mí (me) odia, porque yo testifico sobre él, que las obras suyas malas son."

29

7:8 Ustedes mismos suban a la fiesta; yo mismo no subo a la fiesta ésta, porque mi tiempo todavía no se ha cumplido." 7:9 Y después que dijo estas cosas, él permaneció en la Galilea. 7:10 Pero cuando subieron los hermanos de él a la fiesta, entonces también él mismo subió, no públicamente, sino como en secreto. 7:11 Entonces los oficiales judíos lo buscaban a él en la fiesta y decían, "¿Dónde está aquél?" 7:12 Y la murmuración sobre él era grande entre la multitud; por un lado, decían, "Él es bueno." Por el otro lado, otros decían, "No, sino (que) engaña a la multitud." 7:13 Sin embargo, nadie hablaba abiertamente sobre él por causa del miedo a los oficiales judíos. 7:14 Y cuando ya era la mitad de la fiesta, Jesús subió al templo, y enseñaba. 7:15 Entonces se maravillaban los oficiales judíos diciendo, "¿Cómo este conoce letras, aunque no (las) ha aprendido?" 7:16 Entonces respondió a ellos Jesús y dijo, "Mi enseñanza no es mía, sino del que me envió.

7:17 Si alguien desea llevar a cabo el deseo de él, él conocerá sobre la enseñanza, si es de Dios o (si) yo mismo hablo de mi mismo. 7:18 El que de sí mismo habla, su propia gloria busca; pero el que busca la gloria del que lo envió a él, éste es verdadero, e injusticia en él no hay. 7:19 ¿Acaso Moisés no ha dado a ustedes la ley? (¡Sí!) Y ninguno de ustedes practica la ley. ¿Por qué buscan matarme? 7:20 Respondió la multitud, "¡Demonio tienes! ¿Quién te busca a ti con el propósito de matarte?" 7:21 Respondió Jesús y dijo a ellos, "Una obra hice y todos se maravillan. 7:22 Por causa de esto Moisés ha dado a ustedes la circuncisión—no que es de Moisés, sino del Padre—y en el Shabbat circuncidan al hombre. 7:23 Si un hombre recibe la circuncisión en el Shabbat con el propósito de no romper la ley de Moisés, ¿contra mí se enojan porque hice completamente saludable a una persona en el Shabbat? 7:24 No juzguen según apariencias, sino con recto juicio juzguen."

7:25–34

25 Ἔλεγον οὖν τινες ἐκ τῶν Ἱεροσολυμιτῶν·

Οὐχ οὗτός ἐστιν ὃν ζητοῦσιν ἀποκτεῖναι; 26 καὶ ἴδε παρρησίᾳ λαλεῖ καὶ οὐδὲν αὐτῷ λέγουσιν· μήποτε ἀληθῶς ἔγνωσαν οἱ ἄρχοντες ὅτι οὗτός ἐστιν ὁ χριστός;

27 ἀλλὰ τοῦτον οἴδαμεν πόθεν ἐστίν· ὁ δὲ χριστὸς ὅταν ἔρχηται οὐδεὶς γινώσκει πόθεν ἐστίν.

28 ἔκραξεν οὖν ἐν τῷ ἱερῷ διδάσκων ὁ Ἰησοῦς καὶ λέγων·

Κἀμὲ οἴδατε καὶ οἴδατε πόθεν εἰμί· καὶ ἀπ' ἐμαυτοῦ οὐκ ἐλήλυθα, ἀλλ' ἔστιν ἀληθινὸς ὁ πέμψας με, ὃν ὑμεῖς οὐκ οἴδατε· 29 ἐγὼ οἶδα αὐτόν, ὅτι παρ' αὐτοῦ εἰμι κἀκεῖνός με ἀπέστειλεν.

30 ἐζήτουν οὖν αὐτὸν πιάσαι, καὶ οὐδεὶς ἐπέβαλεν ἐπ' αὐτὸν τὴν χεῖρα, ὅτι οὔπω ἐληλύθει ἡ ὥρα αὐτοῦ. 31 ἐκ τοῦ ὄχλου δὲ πολλοὶ ἐπίστευσαν εἰς αὐτόν, καὶ ἔλεγον·

Ὁ χριστὸς ὅταν ἔλθῃ μὴ πλείονα σημεῖα ποιήσει ὧν οὗτος ἐποίησεν;

32 Ἤκουσαν οἱ Φαρισαῖοι τοῦ ὄχλου γογγύζοντος περὶ αὐτοῦ ταῦτα, καὶ ἀπέστειλαν οἱ ἀρχιερεῖς καὶ οἱ Φαρισαῖοι ὑπηρέτας ἵνα πιάσωσιν αὐτόν. 33 εἶπεν οὖν ὁ Ἰησοῦς·

Ἔτι χρόνον μικρὸν μεθ' ὑμῶν εἰμι καὶ ὑπάγω πρὸς τὸν πέμψαντά με. 34 ζητήσετέ με καὶ οὐχ εὑρήσετε, καὶ ὅπου εἰμὶ ἐγὼ ὑμεῖς οὐ δύνασθε ἐλθεῖν.

7:25 Entonces decían algunos de los habitantes de Jerusalén, "¿Acaso no es éste quien ellos buscan para matar? (¡Sí!) 7:26 Y mira, habla abiertamente y nada le dicen a él; ¿quizás verdaderamente supieron los gobernantes que este es el Ungido? (¡No!) 7:27 Pero a éste, nosotros sabemos de dónde es; mas el Ungido, cuando sea que venga, nadie sabe de dónde es." 7:28 Entonces Jesús clamó en el templo, enseñando y diciendo, "A mí ustedes conocen, y ustedes conocen de donde yo soy; y de mí mismo no he venido, sino es verdadero el que me envió, quien ustedes mismos no conocen. 7:29 Yo mismo lo conozco a él, que de él yo soy y aquel me envió." 7:30 Entonces lo buscaban a él con el propósito de arrestarlo, y nadie puso sobre él la mano, porque todavía no había llegado la hora de él. 7:31 Pero, de la multitud (hubo) muchos (que) creyeron en él y decían, "El Ungido, cuando sea que venga, ¿no hará muchas señales grandes, las cuales éste hizo? (¡No!)" 7:32 Los fariseos oyeron la multitud murmurando sobre estas cosas de él, y los sumos sacerdotes y los fariseos mandaron a asistentes con el propósito de tomarlo en custodia. 7:33 Entonces dijo Jesús, "Todavía un tiempo pequeño con ustedes yo estoy, y yo regreso al que me envió. 7:34 Ustedes me buscarán y no me encontrarán, y donde yo mismo estoy, ustedes mismos no pueden ir."

7:35–44

**35** εἶπον οὖν οἱ Ἰουδαῖοι πρὸς ἑαυτούς·

Ποῦ οὗτος μέλλει πορεύεσθαι ὅτι ἡμεῖς οὐχ εὑρήσομεν αὐτόν; μὴ εἰς τὴν διασπορὰν τῶν Ἑλλήνων μέλλει πορεύεσθαι καὶ διδάσκειν τοὺς Ἕλληνας;

**36** τίς ἐστιν ὁ λόγος οὗτος ὃν εἶπε· Ζητήσετέ με καὶ οὐχ εὑρήσετε, καὶ ὅπου εἰμὶ ἐγὼ ὑμεῖς οὐ δύνασθε ἐλθεῖν;

**37** Ἐν δὲ τῇ ἐσχάτῃ ἡμέρᾳ τῇ μεγάλῃ τῆς ἑορτῆς εἱστήκει ὁ Ἰησοῦς, καὶ ἔκραξεν λέγων·

Ἐάν τις διψᾷ ἐρχέσθω πρός με καὶ πινέτω. **38** ὁ πιστεύων εἰς ἐμέ, καθὼς εἶπεν ἡ γραφή, ποταμοὶ ἐκ τῆς κοιλίας αὐτοῦ ῥεύσουσιν ὕδατος ζῶντος.

**39** τοῦτο δὲ εἶπεν περὶ τοῦ πνεύματος οὗ ἔμελλον λαμβάνειν οἱ πιστεύσαντες εἰς αὐτόν· οὔπω γὰρ ἦν πνεῦμα, ὅτι Ἰησοῦς οὐδέπω ἐδοξάσθη.

**40** Ἐκ τοῦ ὄχλου οὖν ἀκούσαντες τῶν λόγων τούτων ἔλεγον·

Οὗτός ἐστιν ἀληθῶς ὁ προφήτης·

**41** ἄλλοι ἔλεγον·

Οὗτός ἐστιν ὁ χριστός·

οἱ δὲ ἔλεγον·

Μὴ γὰρ ἐκ τῆς Γαλιλαίας ὁ χριστὸς ἔρχεται; **42** οὐχ ἡ γραφὴ εἶπεν ὅτι ἐκ τοῦ σπέρματος Δαυίδ, καὶ ἀπὸ Βηθλέεμ τῆς κώμης ὅπου ἦν Δαυίδ, ἔρχεται ὁ χριστός;

**43** σχίσμα οὖν ἐγένετο ἐν τῷ ὄχλῳ δι' αὐτόν. **44** τινὲς δὲ ἤθελον ἐξ αὐτῶν πιάσαι αὐτόν, ἀλλ' οὐδεὶς ἐπέβαλεν ἐπ' αὐτὸν τὰς χεῖρας.

7:35 Entonces los oficiales judíos dijeron a sí mismos, "Este, ¿dónde está a punto de ir que nosotros mismos no lo encontraremos? ¿No está a punto de ir a la diáspora, entre los griegos, y enseñar a los griegos? (¡No!) 7:36 Qué es la palabra ésta que dijo, ¿Ustedes me buscarán y no (me) encontrarán, y donde yo mismo estoy ustedes no pueden ir'?" 7:37 Ahora, en el último día de la gran fiesta, se había parado Jesús, y clamó diciendo, "¡Si alguien tuviese sed, que venga a mí y que beba! 7:38 El que cree en mí, tal como dice la Escritura, 'ríos fluirán con agua viviente del vientre de él.'" 7:39 Ahora, esto dijo sobre el Espíritu que estaban a punto de recibir los que creen en él; pues el Espíritu no estaba todavía, porque Jesús todavía no había sido glorificado. 7:40 Entonces, (algunos) los de la multitud, después que escucharon las palabras éstas, decían, "Este es verdaderamente el profeta." 7:41 Otros decían, "Este es el Ungido." Pero algunos decían, "No, porque, ¿de la Galilea viene el Ungido? (¡No!) 7:42 ¿No dijo la Escritura que de la semilla de David, y de Belén, de la aldea donde era David, viene el Ungido? (¡Sí!)" 7:43 Entonces se creó división en la multitud por causa de él. 7:44 Y algunos de ellos querían tomarlo a él bajo custodia, pero nadie puso sobre él las manos.

7:45 Entonces vinieron los asistentes a los sumos sacerdotes y fariseos, y aquellos (líderes) dijeron a ellos, "¿A causa de qué no lo trajeron a él?" 7:46 Respondieron los asistentes, "¡Nunca jamás habló así una persona!" 7:47 Entonces les respondieron a ellos los fariseos, "No, y ustedes mismos, ¿han sido engañados? (¡No!) 7:48 ¿No (hay) alguien de entre los gobernadores (que) creyeron en él, o entre los fariseos? (¡No!) 7:49 Pero la multitud esta, la que no conoce la ley, son malditas." 7:50 Dice Nicodemo a ellos, el que vino a él anteriormente, siendo uno de ellos, 7:51 "¿Acaso la ley de nosotros juzga a la persona si no (se) escucha primero de él y (se) conociera qué hace? (¡No!)" 7:52 Respondieron y dijeron a él, "¿Acaso también tú mismo eres de los de la Galilea? (¡No!) Investiga y mira que de la Galilea profeta no se levanta." 7:53 Y fue cada uno a su propia casa. 8:1 Pero Jesús fue al Monte de los Olivos.

8:2 Ahora, de madrugada otra vez llegó al templo, y todo el pueblo llegaba (a él); y después de sentarse, les enseñaba a ellos. 8:3 Ahora, los escribas y los fariseos traen a él una mujer quien había sido tomada por sorpresa en adulterio, y cuando la pararon en medio (de ellos), 8:4 ellos le dijeron a él, probándole, "Maestro, esta mujer fue atrapada en el mismo acto mientras cometía adulterio. 8:5 Ahora, en la ley, Moisés a nosotros nos mandó (que) tales personas sean apedreadas; Así que, ¿tú mismo qué dices?" 8:6 Y esto decían probándolo a él, con el propósito de que ellos tuvieran (información) para acusarlo a él. Pero, después que Jesús se agachó abajo, con el dedo escribía sobre la tierra, como sin estar prestando atención. 8:7 Entonces, como persistían interrogándole a él, se paró (y) dijo a ellos, "El que de entre ustedes sea sin pecado, que primero lance la piedra sobre ella." 8:8 Y otra vez, después que se agachó abajo, escribía sobre la tierra. 8:9 Entonces, los que escucharon, también por sus conciencias siendo convencidos, se iban uno a uno, empezando desde los más viejos, y se quedó solo Jesús, y la mujer estando en medio. 8:10 Entonces, después que Jesús se enderezó y cuando no vio a nadie excepto la mujer, le dijo a ella, "¿Dónde están aquellos acusadores tuyos? ¿Nadie te condenó?" 8:11 Entonces ella dijo, "Nadie, Señor." Entonces le dijo Jesús, "Tampoco yo mismo te condeno. Ve, y ya no peques."

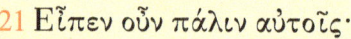

8:12 Entonces, otra vez Jesús les habló a ellos diciendo, "Yo mismo soy la luz del mundo; el que me sigue a mí nunca jamás caminará en la oscuridad, sino tendrá la luz de vida." 8:13 Entonces dijeron a él los fariseos, "Tú mismo testificas sobre ti mismo; El testimonio tuyo no es verdadero." 8:14 Respondió Jesús y dijo a ellos, "Si yo mismo testificara de mí mismo, verdadero es el testimonio mío, porque yo sé de dónde yo vine y adónde yo voy; pero ustedes mismos no saben de dónde yo vengo o adónde yo voy. 8:15 Ustedes mismos de acuerdo a la carne juzgan, (pero) yo mismo no juzgo a nadie. 8:16 Ahora, si yo mismo juzgara, el juicio mío sería verdad, porque no estoy solo (en mi juicio), sino yo y el Padre que me envió (estamos de acuerdo). 8:17 Y también en la ley de ustedes ha sido escrito que (con) dos personas el testimonio verdadero es. 8:18 Yo mismo soy el que testifica sobre mí mismo, y el que me envió testifica sobre mí, (esto es) el Padre." 8:19 Entonces decían a él, "¿Dónde está el Padre tuyo?" Respondió Jesús, "Ni a mí me conocen ustedes, ni a al Padre mío (conocen); si a mí me conocieran, también al Padre mío conocerían." 8:20 Estos dichos habló en la tesorería, mientras estaba enseñando en el templo; y nadie lo arrestó, porque todavía no había llegado la hora de él. 8:21 Entonces dijo otra vez a ellos, "Yo mismo me voy y me buscarán, y en el pecado de ustedes mismos morirán; donde yo mismo voy ustedes mismos no pueden ir."

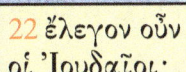
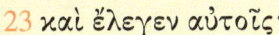

8:22 Entonces los oficiales judíos decían, "No se matará a sí mismo porque dice 'Donde yo mismo voy ustedes mismos no pueden ir,' ¿verdad? (¡No!)" 8:23 Y le decía a ellos, "Ustedes mismos son de abajo, yo mismo soy de arriba; ustedes mismos de este mundo son, yo mismo no soy de este mundo. 8:24 Por lo tanto, yo les dije a ustedes que 'morirán en los pecados de ustedes, porque si no creen que yo mismo soy, ustedes morirán en los pecados de ustedes.'" 8:25 Entonces ellos le decían a él, "¿Tú, quién eres tú?" Le dijo a ellos Jesús, "Lo que yo mismo les digo a ustedes desde el principio. 8:26 Yo tengo muchas cosas sobre ustedes, para decir y para juzgar; pero el que me mandó es verdadero, y yo, lo que escuché de parte de él, estas cosas yo hablo al mundo." 8:27 No supieron que a ellos hablaba sobre el Padre. 8:28 Entonces Jesús dijo, "Cuando ustedes levanten al Hijo del Hombre, entonces sabrán que yo mismo soy, y de parte de mí mismo yo no hago nada, sino que justo como me enseñó el Padre, éstas cosas hablo. 8:29 Y el que me envió conmigo está, no me dejó solo, porque yo mismo hago cosas agradables para él en todo momento." 8:30 Mientras estaba diciendo estas cosas, muchos creyeron en él. 8:31 Entonces Jesús decía a los oficiales judíos que habían creído en él, "Si ustedes mismos permanecieren en la palabra mía, verdaderamente estudiantes míos son, 8:32 Y conocerán la verdad, y la verdad les libertará a ustedes."

8:33 Le respondieron a él, "Semilla de Abraham somos y a nadie hemos servido como esclavos en ningún momento; ¿cómo tú mismo dices, 'Se volverán libres'?" 8:34 Respondió a ellos Jesús, "¡Amén! ¡Amén! Yo les digo a ustedes que todo el que practica el pecado, esclavo es del pecado. 8:35 Es más, el esclavo no permanece en la casa para siempre; el hijo permanece para siempre. 8:36 Entonces si el Hijo les liberara a ustedes, verdaderamente libres serán. 8:37 Yo sé que semilla de Abraham son, pero desean matarme, porque la palabra mía no penetra en ustedes. 8:38 Lo que yo mismo he visto del Padre, yo les hablo también a ustedes, entonces lo que ustedes escucharon del Padre hacen." 8:39 Respondieron y dijeron a él, "El padre nuestro es Abraham." Les dice a ellos Jesús, "Si son hijos de Abraham, las obras de Abraham harían. 8:40 Pero ahora ustedes me buscan para matar, una persona quien la verdad a ustedes ha hablado, la cual escuchó del Padre; esto Abraham no hizo. 8:41 Ustedes mismos hacen las obras del padre de ustedes." Ellos dijeron a él, "Nosotros de pecado sexual no hemos nacido; un Padre tenemos nosotros—Dios."

8:42 Les dijo a ellos Jesús, "Si Dios fuera el Padre de ustedes, me amarían, porque yo mismo del Padre salí y estoy presente; porque no he salido de mí mismo, sino (de) aquel que me envió. 8:43 ¿A causa de qué ustedes no entienden la expresión mía? Porque no pueden oír la palabra mía. 8:44 Ustedes son del padre, el diablo, y las codicias del padre de ustedes desean hacer. Aquél era asesino desde el principio, y en la verdad no se ha parado firmemente, porque no está la verdad en él. Cuando sea que hable una mentira, de sí mismo habla, porque mentiroso es, y el padre de él (de la mentira). 8:45 Pero yo, porque yo digo la verdad, no me creen a mí. 8:46 ¿Quién de entre ustedes me reprocha de pecado? Si yo digo la verdad, ¿a causa de qué ustedes no me creen a mí? 8:47 El que es de Dios, los dichos de Dios escucha; a causa de esto ustedes mismos no escuchan, porque de Dios no son." 8:48 Los oficiales judíos respondieron y dijeron a él, "¿No decimos nosotros bien que tú mismo eres samaritano y tú tienes demonio? (¡Sí!)" 8:49 Respondió Jesús, "Yo mismo no tengo demonio, sino yo honro al Padre mío, y ustedes mismos me deshonran. 8:50 Pero yo mismo no deseo la gloria mía; (él) es el que desea y el que juzga. 8:51 ¡Amén! ¡Amén! Yo les digo a ustedes, si alguien mi palabra observara, la muerte nunca jamás experimentará, para siempre." 8:52 Los oficiales judíos le dijeron a él, "Ahora nosotros hemos sabido que tú tienes demonio. Abraham murió y los profetas (murieron), y tú dices, 'Si alguien observa la palabra mía, nunca jamás probará de la muerte, para siempre.'"

8:53–59

8:53 "¿Acaso tú mismo eres más grande que el padre nuestro, Abraham, quien murió? (¡No!) Y los profetas murieron: ¿Quién te haces a ti mismo?" 8:54 Jesús respondió, "Si yo mismo me glorificara a mí mismo, la gloria mía nada es; (pero) el Padre mío es el que me glorifica, quien ustedes mismos dicen 'Dios nuestro es,' 8:55 Y ustedes no lo han conocido a él, pero yo mismo lo conozco a él. Y si yo dijera que yo no lo conozco, yo sería igual a ustedes, un mentiroso; pero yo lo conozco y la palabra de él yo guardo. 8:56 Abraham, el padre de ustedes, se regocijó que viera el día mío, y vio y se alegró." 8:57 Entonces los oficiales judíos dijeron a él, "Cincuenta años tú todavía no tienes ¿y a Abraham tú has visto?" 8:58 Le dijo a ellos Jesús, "¡Amén! ¡Amén! Yo les dije a ustedes: antes que Abraham naciera, yo mismo soy." 8:59 Entonces agarraron piedras con el propósito de lanzarlas a él; Pero Jesús se escondió y salió del templo.

9:1–7

9:1 Καὶ παράγων εἶδεν ἄνθρωπον τυφλὸν ἐκ γενετῆς. 2 καὶ ἠρώτησαν αὐτὸν οἱ μαθηταὶ αὐτοῦ λέγοντες·

Ῥαββί, τίς ἥμαρτεν, οὗτος ἢ οἱ γονεῖς αὐτοῦ, ἵνα τυφλὸς γεννηθῇ;

3 ἀπεκρίθη Ἰησοῦς·

Οὔτε οὗτος ἥμαρτεν οὔτε οἱ γονεῖς αὐτοῦ,

ἀλλ᾽ ἵνα φανερωθῇ τὰ ἔργα τοῦ θεοῦ ἐν αὐτῷ.

4 ἡμᾶς δεῖ ἐργάζεσθαι τὰ ἔργα τοῦ πέμψαντός με ἕως ἡμέρα ἐστίν· ἔρχεται νὺξ ὅτε οὐδεὶς δύναται ἐργάζεσθαι. 5 ὅταν ἐν τῷ κόσμῳ ὦ, φῶς εἰμι τοῦ κόσμου.

6 ταῦτα εἰπὼν ἔπτυσεν χαμαὶ

καὶ ἐποίησεν πηλὸν ἐκ τοῦ πτύσματος, καὶ ἐπέχρισεν αὐτοῦ τὸν πηλὸν ἐπὶ τοὺς ὀφθαλμούς, 7 καὶ εἶπεν αὐτῷ·

Ὕπαγε νίψαι εἰς τὴν κολυμβήθραν τοῦ Σιλωάμ

(ὃ ἑρμηνεύεται Ἀπεσταλμένος).

ἀπῆλθεν οὖν καὶ ἐνίψατο, καὶ ἦλθεν βλέπων.

9:1 Y yéndose, vio a una persona ciega de nacimiento. 9:2 Y le preguntaron a él los estudiantes de él, diciendo, "Rabbí, ¿Quién pecó, éste o los padres de él, con el resultado que naciera ciego?" 9:3 Respondió Jesús, "Ni este pecó ni los padres de él, sino (ocurrió) con el propósito de que sean reveladas las obras de Dios en él. 9:4 Es necesario (para) nosotros obrar las obras del que me mandó mientras es día; viene la noche cuando nadie puede obrar. 9:5 Mientras yo en el mundo estoy, yo soy la luz del mundo." 9:6 Mientras dijo estas cosas, escupió al suelo e hizo lodo de la saliva, y lo untó a él con el lodo sobre los ojos. 9:7 Y le dijo a él, "Ve, lávate en el estanque de Siloam;" (que es traducido 'habiendo sido enviado'). Entonces fue y se lavó, y volvió viendo.

9:8–16

9:8 Entonces los vecinos y los que ven a él antes, porque era mendigo, decían, "¿No es éste el que se sienta y el que mendiga? (¡Sí!)" 9:9 Otros decían, "Este es." Otros decían, "De ninguna manera, sino es como él." Aquél decía, "Yo mismo soy." 9:10 Entonces decían a él, "¿Cómo fueron abiertos tus ojos?" 9:11 Respondió aquel, "La persona que se llama 'Jesús' hizo lodo y untó mis ojos y me dijo, 'Ve al Siloam y lávate;' Entonces, después de ir y lavarme, recibí la vista." 9:12 Y dijeron a él, "¿Dónde está aquel?" Él dice, "Yo no sé." 9:13 Ellos lo llevaron a él a los fariseos, al que anteriormente (era) ciego. 9:14 Ahora, era el Shabbat, en el día que Jesús hizo barro y abrió sus ojos. 9:15 Entonces, otra vez los fariseos le preguntaban a él cómo recibió la vista. Ahora, él les dijo a ellos, "Barro me puso sobre los ojos, y yo me lavé a mí mismo, y (ahora) yo veo. 9:16 Entonces decían algunos de los fariseos, "Esta persona no es de Dios, porque el Shabbat no guarda." Otros decían, "¿Cómo puede una persona pecadora hacer señales como estas?" Y había división entre ellos.

**9:17** Entonces dicen al ciego otra vez, "¿Qué dices tú mismo sobre él, que abrió tus ojos?" Entonces él dijo, "Profeta es." **9:18** Entonces los oficiales judíos no creyeron acerca de él, que era ciego y recibió la vista, hasta que llamaron a los padres del que recibió la vista. **9:19** Y les preguntaron a ellos diciendo, "¿Es éste el hijo de ustedes, quien ustedes dicen que nació ciego? Entonces, ¿cómo ve ahora? **9:20** Entonces respondieron los padres de él y dijeron, "Nosotros sabemos que éste es el hijo de nosotros y que ciego nació; **9:21** Pero, cómo ahora ve nosotros no sabemos, o quién le abrió sus ojos nosotros mismos no sabemos; a él pregúntenle, edad tiene. Él sobre sí mismo hablará." **9:22** Estas cosas dijeron los padres de él porque tenían miedo de los oficiales judíos, pues los oficiales judíos ya habían decidido que si alguien lo confesaba a él como El Ungido, sería expulsado de la sinagoga. **9:23** A causa de esto los padres de él dijeron, "Edad tiene, a él pregúntenle." **9:24** Entonces llamaron a la persona una segunda vez, quien era ciego, y dijeron a él, "Dale gloria a Dios; nosotros mismos sabemos que esta persona es pecadora." **9:25** Entonces respondió aquel, "Si es pecador no sé; una cosa sé, que siendo ciego ahora yo veo." **9:26** Entonces le dijeron a él, "¿Qué te hizo a ti? ¿Cómo abrió tus ojos?" **9:27** Respondió a ellos, "Yo ya les dije a ustedes y ustedes no escucharon; ¿Por qué quieren oír otra vez? ¿Acaso no quieren ustedes también convertirse en sus estudiantes? (¡No!)"

9:28–37

9:28 Lo insultaron a él y dijeron, "Tú mismo eres estudiante de aquel, pero nosotros mismos de Moisés somos estudiantes. 9:29 Nosotros mismos sabemos que Dios ha hablado a Moisés, pero (de) éste no sabemos de dónde es." 9:30 Respondió la persona y dijo a ellos, "Pues en esto está lo extraordinario, que ustedes mismos no saben de dónde es, y él abrió mis ojos. 9:31 Nosotros sabemos que Dios no escucha los pecadores, pero si alguien fuera temeroso de Dios y la voluntad de él hiciera, a este escucha. 9:32 Desde la eternidad no se oyó que alguien abrió los ojos de alguien que ha nacido ciego; 9:33 Si no era este de Dios, no podría hacer nada." 9:34 Respondieron y dijeron a él, "En pecado tú mismo naciste completamente, ¿y tú mismo nos enseñas a nosotros? Y lo expulsaron a él afuera (de la sinagoga). 9:35 Jesús escuchó que lo expulsaron a él fuera (de la sinagoga), y después de encontrarlo le dijo a él, "¿Tú mismo crees en el Hijo del Hombre?" 9:36 Respondió aquel y dijo, "¿Y quién es, Señor, con el propósito de que yo crea en él?" 9:37 Jesús dijo a él, "Y tú (lo) has visto a él, el que habla contigo, aquel es."

9:38 Entonces él decía, "Yo creo, Señor." Y se postró ante él. 9:39 Y dijo Jesús, "Para juicio yo mismo a este mundo vine, con el propósito de que los que no ven, vean, y los que ven, se vuelvan ciegos." 9:40 Los de los fariseos que estaban con él escucharon estas cosas, y dijeron a él, "¿Acaso nosotros mismos somos ciegos? (¡No!)" 9:41 Dijo a ellos Jesús, "Si ciegos fueran ustedes (que no lo son), no tendrían pecado; pero, ahora que ustedes dicen 'Nosotros vemos' el pecado de ustedes permanece." 10:1 ¡Amén! ¡Amén! Yo les digo a ustedes, el que no entra a través de la puerta al redil de las ovejas, sino que está subiendo por otro lugar, aquél es un ladrón y un bandido. 10:2 Pero el que entra a través de la puerta es el pastor de las ovejas. 10:3 A este el portero abre, y las ovejas oyen la voz de él y a sus propias ovejas llama por nombre, y las saca a ellas. 10:4 Cuando sea que todas las suyas propias salieran, delante de ellas va, y las ovejas a él le siguen, porque ellas conocen la voz de él. 10:5 Pero al ajeno nunca jamás seguirán, sino huirán de él, porque ellas no conocen la voz ajena." 10:6 Este proverbio dijo a ellos Jesús, pero aquellos no entendieron qué era lo que hablaba a ellos.

10:7 Entonces dijo otra vez a ellos Jesús, "¡Amén! ¡Amén! Yo les digo a ustedes que yo mismo soy la puerta de las ovejas. 10:8 Todos, cualquiera el número, que vinieron antes de mí son ladrones y bandidos, pero no escucharon a ellos las ovejas. 10:9 Yo mismo soy la puerta, si alguien entrara a través de mí, será salvo y entrará y saldrá y pastos encontrará. 10:10 El ladrón no viene excepto con el propósito de robar y matar y destruir. Yo mismo vine con el propósito de que ellos tengan vida y que la tengan en abundancia. 10:11 Yo mismo soy el buen pastor; el buen pastor la vida de él da en lugar de sus ovejas. 10:12 El empleado, y el que no es pastor, de quien no son sus propias ovejas, él mira al lobo viniendo y abandona las ovejas y huye—y el lobo las rapta y las dispersa— 10:13 Porque empleado es y no le preocupa a él con respecto a las ovejas. 10:14 Yo mismo soy el buen pastor, y yo conozco las mías, y me conocen a mí las mías, 10:15 De igual manera como el Padre me conoce, y yo mismo conozco al Padre, y la vida mía doy en favor de las ovejas. 10:16 Y yo tengo otras ovejas, que no son del redil este; y es necesario traer aquéllas a mí, y la voz mía oirán, y habrá un rebaño, un pastor. 10:17 Por causa de esto el Padre me ama, porque yo mismo doy la vida mía, con el propósito de que otra vez yo la tome. 10:18 Nadie la toma de mí, sino yo mismo la doy de mí mismo. Yo tengo autoridad para darla, y yo tengo autoridad para tomarla otra vez; este mandamiento recibí del Padre mío." 10:19 Hubo otra vez división entre los oficiales judíos a causa de las palabras estas. 10:20 Y decían muchos entre ellos, "Demonio tiene y enloquece; ¿por qué lo escuchan a él?" 10:21 Otros decían, "Estos dichos no son de endemoniado; ¿Acaso un demonio no puede abrir los ojos de los ciegos? (¡No!)"

10:22 Ocurrió en aquel tiempo la Fiesta de la Dedicación en Jerusalén; era invierno. 10:23 Y Jesús caminaba en el Templo, en el Pórtico de Salomón. 10:24 Entonces le rodearon los oficiales judíos y decían a él, "¿Hasta cuándo las vidas de nosotros mantienes en suspenso? Si tú mismo eres el Ungido, dínoslo a nosotros claramente." 10:25 Respondió a ellos Jesús, "Yo les dije a ustedes y no creen; las obras que yo mismo hago en el nombre del Padre mío, éstas testifican con respecto a mí; 10:26 Pero ustedes mismos no creen, porque no son de las ovejas mías." 10:27 "Las ovejas mías escuchan la voz mía, y yo mismo las conozco, y ellas me siguen a mí, 10:28 Y yo mismo doy a ellas vida eterna, y nunca jamás se perderán para siempre, y nadie las arrebatará de la mano mía. 10:29 El Padre mío, quién me ha dado (las ovejas) a mí, es más grande que todos, y nadie puede arrebatar de la mano del Padre. 10:30 Yo y el Padre, nosotros uno somos."

10:31–42

31 Ἐβάστασαν οὖν πάλιν λίθους οἱ Ἰουδαῖοι ἵνα λιθάσωσιν αὐτόν.

32 ἀπεκρίθη αὐτοῖς ὁ Ἰησοῦς·

Πολλὰ ἔργα καλὰ ἔδειξα ὑμῖν ἐκ τοῦ πατρός· διὰ ποῖον αὐτῶν ἔργον ἐμὲ λιθάζετε;

33 ἀπεκρίθησαν αὐτῷ οἱ Ἰουδαῖοι·

Περὶ καλοῦ ἔργου οὐ λιθάζομέν σε ἀλλὰ περὶ βλασφημίας, καὶ ὅτι σὺ ἄνθρωπος ὢν ποιεῖς σεαυτὸν θεόν.

34 ἀπεκρίθη αὐτοῖς ὁ Ἰησοῦς·

Οὐκ ἔστιν γεγραμμένον ἐν τῷ νόμῳ ὑμῶν ὅτι Ἐγὼ εἶπα· Θεοί ἐστε; 35 εἰ ἐκείνους εἶπεν θεοὺς πρὸς οὓς ὁ λόγος τοῦ θεοῦ ἐγένετο, καὶ οὐ δύναται λυθῆναι ἡ γραφή, 36 ὃν ὁ πατὴρ ἡγίασεν καὶ ἀπέστειλεν εἰς τὸν κόσμον ὑμεῖς λέγετε ὅτι Βλασφημεῖς, ὅτι εἶπον· Υἱὸς τοῦ θεοῦ εἰμι;

37 εἰ οὐ ποιῶ τὰ ἔργα τοῦ πατρός μου, μὴ πιστεύετέ μοι· 38 εἰ δὲ ποιῶ, κἂν ἐμοὶ μὴ πιστεύητε τοῖς ἔργοις πιστεύετε, ἵνα γνῶτε καὶ γινώσκητε ὅτι ἐν ἐμοὶ ὁ πατὴρ κἀγὼ ἐν τῷ πατρί.

39 ἐζήτουν οὖν πάλιν αὐτὸν πιάσαι· καὶ ἐξῆλθεν ἐκ τῆς χειρὸς αὐτῶν.

40 Καὶ ἀπῆλθεν πάλιν πέραν τοῦ Ἰορδάνου εἰς τὸν τόπον ὅπου ἦν Ἰωάννης τὸ πρῶτον βαπτίζων, καὶ ἔμεινεν ἐκεῖ.

41 καὶ πολλοὶ ἦλθον πρὸς αὐτὸν καὶ ἔλεγον ὅτι

Ἰωάννης μὲν σημεῖον ἐποίησεν οὐδέν, πάντα δὲ ὅσα εἶπεν Ἰωάννης περὶ τούτου ἀληθῆ ἦν.

42 καὶ πολλοὶ ἐπίστευσαν εἰς αὐτὸν ἐκεῖ.

10:31 Entonces los judíos otra vez recogieron piedras con el propósito de apedrearlo. 10:32 Respondió a ellos Jesús, "Muchas obras buenas mostré a ustedes del Padre; ¿a causa de cuáles de esas obras me apedrean?" 10:33 Respondieron a él los oficiales judíos, "Por una buena obra nosotros no te apedreamos a ti, sino por causa de la blasfemia, y porque tú, siendo humano, te haces a ti mismo Dios." 10:34 Respondió a ellos Jesús, "¿No ha sido escrito en la ley de ustedes, 'Yo mismo dije, dioses son'? (¡Sí!) 10:35 Si llamó 'dioses' a aquellos a quienes la palabra de Dios vino, y no puede ser destruida la Escritura, 10:36 A quien el Padre santificó y mandó al mundo, ¿ustedes mismos dicen 'Tú blasfemas,' porque yo dije, 'Yo soy el Hijo de Dios'? 10:37 Si yo no hago las obras del Padre mío, no me crean; 10:38 Pero si yo las hago, y si a mí no me creen, a las obras crean, con el propósito de que ustedes sepan y conozcan que en mí (está) el Padre y yo (estoy) en el Padre." 10:39 Entonces buscaban otra vez arrestarlo, y escapó de las manos de ellos. 10:40 Y se fueron otra vez al otro lado del Jordán, al lugar donde estaba Juan sumergiendo al principio, y permaneció ahí. 10:41 Y muchos vinieron a él y decían, "Juan, por un lado, no hizo ninguna señal, pero por el otro lado, todas las cosas, cualquiera que sean, que dijo Juan sobre este, verdaderas eran." 10:42 Y muchos creyeron en él ahí.

**11:1** Ahora, cierto hombre estaba enfermo, Lázaro de Betania, de la aldea de María y Marta, la hermana de ella. **11:2** Ahora, María era la que ungió al Señor con perfume, y lavó los pies de él con los cabellos de ella; su hermano Lázaro estaba enfermo. **11:3** Entonces las hermanas mandaron a él diciendo, "Señor, mira, a quien tú amas está enfermo." **11:4** Y después de escuchar, Jesús dijo, "Esta enfermedad no es con el propósito de la muerte, sino a favor de la gloria de Dios, con el propósito de que el Hijo de Dios sea glorificado a través de ella." **11:5** Y Jesús amaba a Marta y a la hermana de ella y a Lázaro. **11:6** Entonces, cuando escuchó que estaba enfermo, entonces ciertamente permaneció en el lugar en el cuál estaba por dos días. **11:7** Entonces, después de estas cosas, le dice a los estudiantes, "Vayamos a Judea otra vez." **11:8** Le dicen a él los estudiantes, "Rabbí, ahora los oficiales judíos te deseaban (encontrar) con el propósito de apedrearte, ¿y otra vez tú vas allí?" **11:9** Respondió Jesús, "¿Acaso no hay doce horas en el día? (¡Sí!) Si alguien caminara en el día, no se tropieza, porque él ve la luz de este mundo. **11:10** Pero si alguien caminara en la noche, tropieza, porque la luz no está en él."

11:11–20

11 ταῦτα εἶπεν, καὶ μετὰ τοῦτο λέγει αὐτοῖς·

Λάζαρος ὁ φίλος ἡμῶν κεκοίμηται, ἀλλὰ πορεύομαι ἵνα ἐξυπνίσω αὐτόν.

12 εἶπαν οὖν οἱ μαθηταὶ αὐτῷ·

Κύριε, εἰ κεκοίμηται σωθήσεται.

13 εἰρήκει δὲ ὁ Ἰησοῦς περὶ τοῦ θανάτου αὐτοῦ. ἐκεῖνοι δὲ ἔδοξαν ὅτι περὶ τῆς κοιμήσεως τοῦ ὕπνου λέγει.

14 τότε οὖν εἶπεν αὐτοῖς ὁ Ἰησοῦς παρρησίᾳ·

Λάζαρος ἀπέθανεν,

15 καὶ χαίρω δι' ὑμᾶς, ἵνα πιστεύσητε, ὅτι οὐκ ἤμην ἐκεῖ· ἀλλὰ ἄγωμεν πρὸς αὐτόν.

16 εἶπεν οὖν Θωμᾶς ὁ λεγόμενος Δίδυμος τοῖς συμμαθηταῖς·

Ἄγωμεν καὶ ἡμεῖς ἵνα ἀποθάνωμεν μετ' αὐτοῦ.

17 Ἐλθὼν οὖν ὁ Ἰησοῦς εὗρεν αὐτὸν τέσσαρας ἤδη ἡμέρας ἔχοντα ἐν τῷ μνημείῳ. 18 ἦν δὲ ἡ Βηθανία ἐγγὺς τῶν Ἱεροσολύμων ὡς ἀπὸ σταδίων δεκαπέντε. 19 πολλοὶ δὲ ἐκ τῶν Ἰουδαίων ἐληλύθεισαν πρὸς τὴν Μάρθαν καὶ Μαριὰμ ἵνα παραμυθήσωνται αὐτὰς περὶ τοῦ ἀδελφοῦ. 20 ἡ οὖν Μάρθα ὡς ἤκουσεν ὅτι Ἰησοῦς ἔρχεται ὑπήντησεν αὐτῷ· Μαρία δὲ ἐν τῷ οἴκῳ ἐκαθέζετο.

11:11 Estas cosas dijo, y después de esto dice a ellos, "Lázaro, el amigo de nosotros, se ha dormido, pero yo voy con el propósito de que yo lo despierte a él." 11:12 Entonces los estudiantes dijeron a él, "Señor, si se ha dormido se mejorará (de la enfermedad). 11:13 Pero Jesús había hablado sobre la muerte de él. Pero aquellos pensaron que habla del sueño del dormir. 11:14 Entonces, en ese momento Jesús les dijo a ellos claramente, "Lázaro murió. 11:15 Y yo me regocijo a causa de ustedes, con el propósito de que crean, porque yo no estaba ahí, pero vayamos a él." 11:16 Entonces Tomás, el que se llama Dídimo, dijo a sus estudiantes colegas, "Vayamos aún nosotros, con el propósito de que nosotros muramos con él." 11:17 Entonces, después que llegó, Jesús lo encontró teniendo ya cuatro días en la tumba. 11:18 Ahora, Betania estaba cerca de Jerusalén, como a cincuenta estadios. 11:19 Y muchos de los oficiales judíos habían llegado a Marta y María, con el propósito de consolarlas a ellas con respecto a su hermano. 11:20 Entonces Marta, cuando escuchó que Jesús viene, salió al encuentro de él; Pero María se sentaba en la casa.

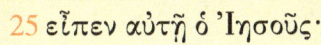

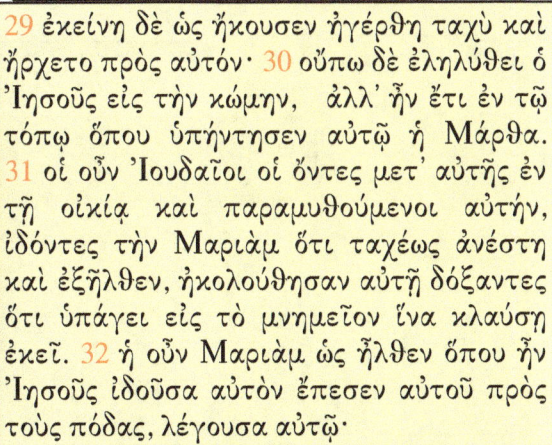

11:21 Entonces Marta dijo a Jesús, "Señor, si hubieras estado aquí, no hubiera muerto el hermano mío; 11:22 Y ahora sé que cuanto le pidas a Dios, Dios te lo dará a ti." 11:23 Le dice a ella Jesús, "Resucitará el hermano tuyo." 11:24 Le dice a él Marta, "Yo sé que él resucitará en la resurrección, en el último día." 11:25 Le dijo a ella Jesús, "Yo mismo soy la resurrección y la vida; El que cree en mí mismo, aunque muera, vivirá, 11:26 Y todo el que vive y cree en mí mismo nunca jamás morirá para siempre; ¿Tú crees esto?" 11:27 Le dice a él, "Sí, Señor, yo misma he creído que tú mismo eres el Ungido, el Hijo de Dios, el que al mundo viene." 11:28 Y después que ella dijo esto, se fue y llamó a María, la hermana de ella, (y) le dijo en privado, "El Maestro está presente y te llama a ti." 11:29 Y cuando aquella escuchó, se levantó rápidamente e iba a él. 11:30 Ahora, todavía Jesús no había ido a la aldea, pero él estaba todavía en el lugar donde Marta se encontró con él. 11:31 Entonces, después de que los oficiales judíos que estaban con ella en la casa y estaban consolándola a ella vieron a María, quién rápidamente se levantó y fue afuera, la siguieron a ella porque pensaron que iba a la tumba con el propósito de llorar ahí. 11:32 Entonces María, cuando fue donde estaba Jesús, viéndolo a él, cayó a sus pies, le dijo a él, "Señor, si hubieras estado aquí no hubiera muerto mi hermano." 11:33 Entonces Jesús, cuando la vio a ella llorando, y los judíos que se juntaron con ella llorando, se estremeció en espíritu y se turbó en sí mismo,

11:34–42

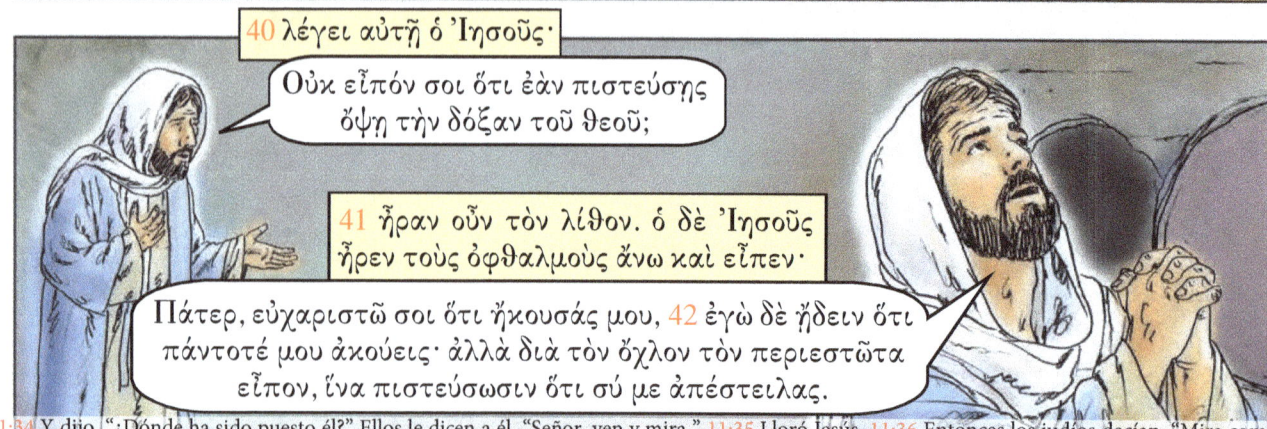

11:34 Y dijo, "¿Dónde ha sido puesto él?" Ellos le dicen a él, "Señor, ven y mira." 11:35 Lloró Jesús. 11:36 Entonces los judíos decían, "Mira como lo amaba a él." 11:37 Pero algunos de ellos dijeron, "¿No podía este, el que abrió los ojos del ciego, hacer que también éste no muriera?" 11:38 Entonces Jesús, después de estremecerse a sí mismo, otra vez viene a la tumba; ahora, era una cueva y la piedra había sido puesta en ella. 11:39 Jesús dice, "Saca la piedra." Le dice Marta, la hermana del que ha muerto, a él, "Señor, ya apesta, pues es el cuarto día." 11:40 Le dice a ella Jesús, "¿No te dije yo a ti que si crees verás la gloria de Dios? (¡Sí!)" 11:41 Entonces sacaron la piedra. Ahora, Jesús levantó los ojos hacia arriba y dijo, "Padre, yo te doy gracias a ti porque me escuchaste, 11:42 Y yo había sabido que en todo momento tú me escuchas, pero a causa de la multitud que se ha parado por ahí, yo hablé, con el propósito de que ellos crean que tú me mandaste a mí."

**43** καὶ ταῦτα εἰπὼν φωνῇ μεγάλῃ ἐκραύγασεν·

Λάζαρε, δεῦρο ἔξω.

**44** ἐξῆλθεν ὁ τεθνηκὼς δεδεμένος τοὺς πόδας καὶ τὰς χεῖρας κειρίαις, καὶ ἡ ὄψις αὐτοῦ σουδαρίῳ περιεδέδετο.

λέγει αὐτοῖς ὁ Ἰησοῦς·

Λύσατε αὐτὸν καὶ ἄφετε αὐτὸν ὑπάγειν.

**45** Πολλοὶ οὖν ἐκ τῶν Ἰουδαίων, οἱ ἐλθόντες πρὸς τὴν Μαριὰμ καὶ θεασάμενοι ἃ ἐποίησεν, ἐπίστευσαν εἰς αὐτόν· **46** τινὲς δὲ ἐξ αὐτῶν ἀπῆλθον πρὸς τοὺς Φαρισαίους καὶ εἶπαν αὐτοῖς ἃ ἐποίησεν Ἰησοῦς. **47** συνήγαγον οὖν οἱ ἀρχιερεῖς καὶ οἱ Φαρισαῖοι συνέδριον, καὶ ἔλεγον·

Τί ποιοῦμεν ὅτι οὗτος ὁ ἄνθρωπος πολλὰ ποιεῖ σημεῖα; **48** ἐὰν ἀφῶμεν αὐτὸν οὕτως, πάντες πιστεύσουσιν εἰς αὐτόν, καὶ ἐλεύσονται οἱ Ῥωμαῖοι καὶ ἀροῦσιν ἡμῶν καὶ τὸν τόπον καὶ τὸ ἔθνος.

**49** εἷς δέ τις ἐξ αὐτῶν Καϊάφας, ἀρχιερεὺς ὢν τοῦ ἐνιαυτοῦ ἐκείνου, εἶπεν αὐτοῖς·

Ὑμεῖς οὐκ οἴδατε οὐδέν, **50** οὐδὲ λογίζεσθε ὅτι συμφέρει ὑμῖν ἵνα εἷς ἄνθρωπος ἀποθάνῃ ὑπὲρ τοῦ λαοῦ καὶ μὴ ὅλον τὸ ἔθνος ἀπόληται.

**51** τοῦτο δὲ ἀφ' ἑαυτοῦ οὐκ εἶπεν, ἀλλὰ ἀρχιερεὺς ὢν τοῦ ἐνιαυτοῦ ἐκείνου ἐπροφήτευσεν ὅτι ἔμελλεν Ἰησοῦς ἀποθνῄσκειν ὑπὲρ τοῦ ἔθνους,

**52** καὶ οὐχ ὑπὲρ τοῦ ἔθνους μόνον, ἀλλ' ἵνα καὶ τὰ τέκνα τοῦ θεοῦ τὰ διεσκορπισμένα συναγάγῃ εἰς ἕν. **53** ἀπ' ἐκείνης οὖν τῆς ἡμέρας ἐβουλεύσαντο ἵνα ἀποκτείνωσιν αὐτόν.

11:43 Y después que dijo estas cosas, clamó a gran voz, "¡Lázaro, ven fuera!" 11:44 El que había muerto salió, habiendo tenido atado los pies y las manos en vendas para sepultura, y la cara de él había estado envuelta en un sudario. Le dice a ellos Jesús, "Suéltenlo a él y permítanle a él irse." 11:45 Entonces muchos de los judíos, los que fueron a María y vieron lo que hizo, creyeron en él. 11:46 Ahora, algunos de entre ellos se fueron a los fariseos y dijeron a ellos lo que hizo Jesús. 11:47 Entonces, los sumos sacerdotes y los fariseos reunieron un concilio, y decían, "¿Qué hacemos nosotros, porque esta persona hace muchas señales? 11:48 Si lo permitimos a él (hacer) así, todos creerán en él, y los romanos vendrán y nos quitarán nuestro puesto y nación." 11:49 Pero uno, alguien de entre ellos, Caifás, siendo sumo sacerdote aquel año, dijo a ellos, "Ustedes mismos no saben nada, 11:50 ni consideran que les conviene a ustedes que una persona muera en lugar del pueblo y no que toda la nación perezca." 11:51 Pero esto de sí mismo no dijo, sino (que) siendo sumo sacerdote aquel año profetizó que Jesús estaba a punto de morir en lugar de la nación, 11:52 y no solo en lugar de la nación, sino también con el propósito de que los hijos de Dios, los que han sido dispersos, sean reunidos en uno. 11:53 Entonces desde aquel día decidieron que lo matarían a él.

11:54–12:4

54 Ὁ οὖν Ἰησοῦς οὐκέτι παρρησίᾳ περιεπάτει ἐν τοῖς Ἰουδαίοις, ἀλλὰ ἀπῆλθεν ἐκεῖθεν εἰς τὴν χώραν ἐγγὺς τῆς ἐρήμου, εἰς Ἐφραὶμ λεγομένην πόλιν, κἀκεῖ ἔμεινεν μετὰ τῶν μαθητῶν.

55 Ἦν δὲ ἐγγὺς τὸ πάσχα τῶν Ἰουδαίων, καὶ ἀνέβησαν πολλοὶ εἰς Ἱεροσόλυμα ἐκ τῆς χώρας πρὸ τοῦ πάσχα ἵνα ἁγνίσωσιν ἑαυτούς. 56 ἐζήτουν οὖν τὸν Ἰησοῦν καὶ ἔλεγον μετ' ἀλλήλων ἐν τῷ ἱερῷ ἑστηκότες·

Τί δοκεῖ ὑμῖν; ὅτι οὐ μὴ ἔλθῃ εἰς τὴν ἑορτήν;

57 δεδώκεισαν δὲ οἱ ἀρχιερεῖς καὶ οἱ Φαρισαῖοι ἐντολὰς ἵνα ἐάν τις γνῷ ποῦ ἐστιν μηνύσῃ, ὅπως πιάσωσιν αὐτόν.

## Chapter 12

12:1 Ὁ οὖν Ἰησοῦς πρὸ ἓξ ἡμερῶν τοῦ πάσχα ἦλθεν εἰς Βηθανίαν, ὅπου ἦν Λάζαρος, ὃν ἤγειρεν ἐκ νεκρῶν Ἰησοῦς. 2 ἐποίησαν οὖν αὐτῷ δεῖπνον ἐκεῖ, καὶ ἡ Μάρθα διηκόνει, ὁ δὲ Λάζαρος εἷς ἦν ἐκ τῶν ἀνακειμένων σὺν αὐτῷ·

3 ἡ οὖν Μαριὰμ λαβοῦσα λίτραν μύρου νάρδου πιστικῆς πολυτίμου ἤλειψεν τοὺς πόδας τοῦ Ἰησοῦ καὶ ἐξέμαξεν ταῖς θριξὶν αὐτῆς τοὺς πόδας αὐτοῦ·

ἡ δὲ οἰκία ἐπληρώθη ἐκ τῆς ὀσμῆς τοῦ μύρου. 4 λέγει δὲ Ἰούδας ὁ Ἰσκαριώτης εἷς τῶν μαθητῶν αὐτοῦ, ὁ μέλλων αὐτὸν παραδιδόναι·

11:54 Así que, Jesús ya no caminaba abiertamente entre los judíos, sino se fue de ahí a la región cerca del desierto, a una ciudad siendo llamada Efraín, y ahí permaneció con los estudiantes. 11:55 Ahora, estaba cerca la Pascua de los judíos, y subieron muchos a Jerusalén del campo antes de la Pascua con el propósito de purificarse a sí mismos. 11:56 Entonces buscaban a Jesús y decían unos a otros en el templo, estando parados, "¿Por qué piensan ustedes que nunca jamás vendrá a la fiesta?" 11:57 Y habían dado instrucciones los sacerdotes y los fariseos por si alguien sabía dónde está que lo reporte, con el propósito de arrestarlo. 12:1 Entonces Jesús, antes del sexto día de la Pascua, vino a Betania, de donde era Lázaro, a quien Jesús levantó de entre los muertos. 12:2 Entonces hicieron para él un banquete ahí, y Marta servía, pero Lázaro era uno de los que se están reclinando con él. 12:3 Entonces María, después que tomó una libra de perfume de muy valioso nardo genuino, ungió los pies de Jesús y secó, con los cabellos de ella, los pies de él. Y la casa se llenó del aroma del perfume. 12:4 Pero Judas Iscariote, uno de sus estudiantes, el que estaba a punto de traicionarlo, dice,

12:5 "¿A causa de qué este perfume no se vendió por trescientos denarios y fue dado para beneficio de los pobres?" 12:6 Dijo esto no porque le preocupaban a él los pobres, sino porque era ladrón y teniendo la bolsa de dinero, él robaba las (cosas) que se ponen (en la bolsa). 12:7 Entonces dijo Jesús, "Déjala a ella, porque para el día del entierro mío lo guarda; 12:8 Porque los pobres en todo momento los tienen con ustedes mismos, pero a mí no (me) tienen en todo momento." 12:9 Entonces supo la gran multitud de los judíos que él está ahí, y vinieron no sólo por causa de Jesús, sino con el propósito de también ver a Lázaro, a quien él levantó de entre los muertos. 12:10 Ahora, los sumos sacerdotes decidieron que también matarían a Lázaro, 12:11 porque muchos, a causa de él, se iban de entre los oficiales judíos y creían en Jesús. 12:12 Al día siguiente, la gran multitud, la que vino a la fiesta, después que oyeron que Jesús viene a Jerusalén, 12:13 tomaron ramas de palmeras y salieron al encuentro de él y gritaban, "¡Hosanna! ¡Ha de ser bendecido el que viene en el nombre del Señor, esto es, el rey de Israel!" 12:14 Ahora, cuando Jesús encontró un asnillo, se sentó sobre él, justo como ha sido escrito, 12:15 "No temas, hija de Sión, ¡mira!, el rey tuyo viene, estando sentado sobre el potro de una burra."

12:16 (Estas cosas no entendieron sus estudiantes al principio, sino cuando Jesús fue glorificado, entonces les fue recordado que estas cosas habían sido escritas sobre él y estas cosas hicieron para él.) 12:17 Entonces, la multitud que estaba con él testificaba cuando llamó a Lázaro de la tumba y lo levantó a él de entre los muertos. 12:18 A causa de esto, la multitud también salió al encuentro de él porque escucharon esto, que él mismo había hecho la señal. 12:19 Entonces los fariseos se dijeron unos a otros, "Observen que ustedes no logran nada; ¡miren! El mundo vino tras él." 12:20 Ahora, habían algunos griegos, de los que subieron con el propósito de adorar en la fiesta; 12:21 Entonces, estos se acercaron a Felipe, el de Betsaida de la Galilea, y le preguntaban a él diciendo, "Señor, nosotros deseamos ver a Jesús." 12:22 Felipe viene y le dice a Andrés; Andrés y Felipe vinieron y ellos le dijeron a Jesús. 12:23 Entonces Jesús respondió a ellos diciendo, "La hora ha llegado para que sea glorificado el Hijo del Hombre. 12:24 ¡Amén! ¡Amén! Yo les digo a ustedes, a menos que el grano de trigo, después de que caiga a tierra, no muera, él mismo permanece solo; pero si muere, mucho fruto trae. 12:25 El que ama la vida suya la pierde, y el que odia la vida suya en este mundo, para la vida eterna la preservará.

12:26 Si a mí alguien me sirve, que me siga a mí, y donde yo mismo estoy, ahí también el siervo mío estará; Si alguien me sirve a mí, el Padre lo honrará a él. 12:27 Ahora, el alma mía ha sido turbada, y ¿qué debería decir? 'Padre, ¡sálvame de esta hora!' Pero a causa de esto yo vine, para esta hora. 12:28 Padre, glorifica tu nombre." Entonces vino una voz del cielo, "Yo (lo) glorifiqué y otra vez (lo) glorificaré." 12:29 Entonces la multitud que ha estado parada y (lo) escuchó decía que ha habido (un) trueno; otros decían, "¡Un ángel le ha hablado a él!" 12:30 Respondió Jesús y dijo, "No fue a causa de mí (que) esta voz ha ocurrido, sino a causa de ustedes. 12:31 Ahora es el juicio de este mundo, ahora el gobernante de este mundo será expulsado afuera. 12:32 Y si yo mismo fuere levantado de la tierra, yo atraeré a todos a mí mismo." 12:33 Ahora, esto lo decía indicando qué tipo de muerte estaba a punto de morir. 12:34 Entonces la multitud le respondió a él, "Nosotros mismos escuchamos de la ley que el Ungido permanece para siempre, y ¿cómo dices tú mismo que es necesario que sea levantado el Hijo del Hombre? ¿Quién es este Hijo del Hombre?" 12:35 Entonces dijo a ellos Jesús, "Todavía (por) un poco de tiempo la luz está entre ustedes. Caminen mientras tienen la luz, con el propósito de que la oscuridad no les apodere a ustedes, y el que camina en la oscuridad no sabe adónde va. 12:36 Mientras ustedes tienen la luz, crean en la luz, con el propósito de que se conviertan hijos de luz." Estas cosas dijo Jesús, y después que se fue, se escondió de ellos. 12:37 Pero, aunque tantas señales de él ha hecho en presencia de ellos, ellos no creían en él,

12:38–50

**38** ἵνα ὁ λόγος Ἠσαΐου τοῦ προφήτου πληρωθῇ ὃν εἶπεν·

Κύριε, τίς ἐπίστευσεν τῇ ἀκοῇ ἡμῶν; καὶ ὁ βραχίων κυρίου τίνι ἀπεκαλύφθη;

**39** διὰ τοῦτο οὐκ ἠδύναντο πιστεύειν ὅτι πάλιν εἶπεν Ἠσαΐας·

**40** Τετύφλωκεν αὐτῶν τοὺς ὀφθαλμοὺς καὶ ἐπώρωσεν αὐτῶν τὴν καρδίαν, ἵνα μὴ ἴδωσιν τοῖς ὀφθαλμοῖς καὶ νοήσωσιν τῇ καρδίᾳ καὶ στραφῶσιν, καὶ ἰάσομαι αὐτούς.

**41** ταῦτα εἶπεν Ἠσαΐας ὅτι εἶδεν τὴν δόξαν αὐτοῦ, καὶ ἐλάλησεν περὶ αὐτοῦ. **42** ὅμως μέντοι καὶ ἐκ τῶν ἀρχόντων πολλοὶ ἐπίστευσαν εἰς αὐτόν,

ἀλλὰ διὰ τοὺς Φαρισαίους οὐχ ὡμολόγουν ἵνα μὴ ἀποσυνάγωγοι γένωνται, **43** ἠγάπησαν γὰρ τὴν δόξαν τῶν ἀνθρώπων μᾶλλον ἤπερ τὴν δόξαν τοῦ θεοῦ. **44** Ἰησοῦς δὲ ἔκραξεν καὶ εἶπεν·

Ὁ πιστεύων εἰς ἐμὲ οὐ πιστεύει εἰς ἐμὲ ἀλλὰ εἰς τὸν πέμψαντά με, **45** καὶ ὁ θεωρῶν ἐμὲ θεωρεῖ τὸν πέμψαντά με. **46** ἐγὼ φῶς εἰς τὸν κόσμον ἐλήλυθα, ἵνα πᾶς ὁ πιστεύων εἰς ἐμὲ ἐν τῇ σκοτίᾳ μὴ μείνῃ.

**47** καὶ ἐάν τίς μου ἀκούσῃ τῶν ῥημάτων καὶ μὴ φυλάξῃ, ἐγὼ οὐ κρίνω αὐτόν, οὐ γὰρ ἦλθον ἵνα κρίνω τὸν κόσμον ἀλλ' ἵνα σώσω τὸν κόσμον. **48** ὁ ἀθετῶν ἐμὲ καὶ μὴ λαμβάνων τὰ ῥήματά μου ἔχει τὸν κρίνοντα αὐτόν· ὁ λόγος ὃν ἐλάλησα ἐκεῖνος κρινεῖ αὐτὸν ἐν τῇ ἐσχάτῃ ἡμέρᾳ. **49** ὅτι ἐγὼ ἐξ ἐμαυτοῦ οὐκ ἐλάλησα, ἀλλ' ὁ πέμψας με πατὴρ αὐτός μοι ἐντολὴν δέδωκεν τί εἴπω καὶ τί λαλήσω. **50** καὶ οἶδα ὅτι ἡ ἐντολὴ αὐτοῦ ζωὴ αἰώνιός ἐστιν. ἃ οὖν ἐγὼ λαλῶ, καθὼς εἴρηκέν μοι ὁ πατήρ, οὕτως λαλῶ.

12:38 con el propósito de que la palabra de Isaías el profeta se cumpla, quien dijo, "Señor, ¿quién creyó el mensaje nuestro? Y el brazo del Señor, ¿a quién fue revelado?" 12:39 A causa de esto no podían creer, porque otra vez dijo Isaías, 12:40 "Él ha cegado sus ojos y endureció sus corazones, con el propósito de que no vean con los ojos, y entiendan con el corazón y se devuelvan, y yo les sanaré a ellos." 12:41 Estas cosas dijo Isaías porque vio la gloria de él, y habló sobre él. 12:42 Aún, a pesar de todo, también muchos de entre los gobernantes creyeron en él, pero a causa de los fariseos, no lo confesaban, con el propósito que no lleguen a ser excomulgados de la sinagoga, 12:43 porque amaron la gloria de las personas más que la gloria de Dios. 12:44 Y, Jesús clamó y dijo, "El que cree en mí no cree en mí sino en el que me mandó, 12:45 y el que me ve a mí, ve al que me mandó. 12:46 Yo mismo, la luz, al mundo he venido, con el propósito de que todo el que cree en mí en la oscuridad no permanezca. 12:47 y si alguien me escucha los dichos (míos) y no los guarda, yo mismo no lo juzgo a él, porque yo mismo no vine con el propósito de juzgar al mundo, sino con el propósito de que yo salve al mundo. 12:48 El que me rechaza a mí y no acepta los dichos míos tiene al que lo juzga a él. La palabra que dije, aquella juzga a él en el último día, 12:49 porque yo de mí mismo no hablé, sino el Padre que me mandó, él mismo a mí me ha dado mandamiento (de) que yo diga y que yo hable. 12:50 Y yo sé que el mandamiento suyo es vida eterna. Entonces, lo que yo mismo hablo, justo como el Padre me ha dicho a mí, así mismo yo hablo.

# Chapter 13

13:1 Πρὸ δὲ τῆς ἑορτῆς τοῦ πάσχα εἰδὼς ὁ Ἰησοῦς ὅτι ἦλθεν αὐτοῦ ἡ ὥρα ἵνα μεταβῇ ἐκ τοῦ κόσμου τούτου πρὸς τὸν πατέρα ἀγαπήσας τοὺς ἰδίους τοὺς ἐν τῷ κόσμῳ εἰς τέλος ἠγάπησεν αὐτούς. 2 καὶ δείπνου γινομένου, τοῦ διαβόλου ἤδη βεβληκότος εἰς τὴν καρδίαν ἵνα παραδοῖ αὐτὸν Ἰούδας Σίμωνος Ἰσκαριώτου, 3 εἰδὼς ὅτι πάντα ἔδωκεν αὐτῷ ὁ πατὴρ εἰς τὰς χεῖρας, καὶ ὅτι ἀπὸ θεοῦ ἐξῆλθεν καὶ πρὸς τὸν θεὸν ὑπάγει,

4 ἐγείρεται ἐκ τοῦ δείπνου καὶ τίθησιν τὰ ἱμάτια καὶ λαβὼν λέντιον διέζωσεν ἑαυτόν·

5 εἶτα βάλλει ὕδωρ εἰς τὸν νιπτῆρα,

καὶ ἤρξατο νίπτειν τοὺς πόδας τῶν μαθητῶν καὶ ἐκμάσσειν τῷ λεντίῳ ᾧ ἦν διεζωσμένος.

13:1 Ahora, antes de la fiesta de la Pascua, Jesús ha sabido que vino su hora, que se iría del mundo éste al Padre, habiendo amado a los suyos propios (que estaban) en el mundo, hasta el final les amó a ellos. 13:2 Y mientras estaba pasando la cena, el diablo ya había puesto en el corazón de Judas Iscariote, hijo de Simón, que lo traicione a él, 13:3 sabiendo que todas las cosas el Padre (le) dio a él en las manos, y que de Dios vino y a Dios va, 13:4 se levanta de la cena y quita las túnicas, y después que tomó la toalla, se la ató alrededor de sí mismo. 13:5 Entonces él vierte agua en la vasija, y empezó a lavar los pies de los estudiantes y a secar con la toalla que se había atado alrededor.

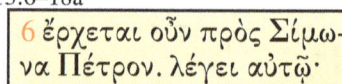

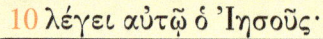

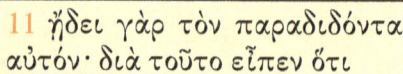

13:6 Entonces viene a Simón Pedro. Le dice a él, "Señor, ¿tú mismo lavas mis pies? 13:7 Respondió Jesús y dijo a él, "Lo que yo mismo hago, tú mismo no comprendes ahora, pero entenderás después de estas cosas." 13:8 Dice a él Pedro, "¡Nunca jamás lavarás mis pies, para siempre!" Respondió Jesús a él, "Si yo no te lavo a ti, tú no tienes parte conmigo." 13:9 Dice a él Simón Pedro, "Señor, no los pies míos solamente, sino también las manos y la cabeza." 13:10 Dice a él Jesús, "El que se ha lavado no tiene necesidad excepto lavarse los pies, sino que está completamente limpio; y ustedes mismos son limpios, pero no todos." 13:11 Pues había conocido al que lo traiciona a él, a causa de esto dijo, "No todos limpios son." 13:12 Entonces, cuando él (Jesús) lavó los pies de ellos y tomó las túnicas de ellos y se recostó, otra vez dijo a ellos, "¿Ustedes saben que he hecho a ustedes? 13:13 Ustedes mismos me llaman, 'Maestro,' y 'Señor,' y bien dicen, pues yo soy. 13:14 Entonces si yo mismo, el Señor y el Maestro, lavé sus pies, también ustedes mismos están obligados a lavarse unos a otros los pies; 13:15 Pues ejemplo dejé a ustedes, con el propósito de que así como yo mismo hice a ustedes, también ustedes mismos hagan. 13:16 ¡Amén! ¡Amén! Yo les digo a ustedes, el esclavo no es más grande que el señor suyo, ni el mensajero más grande que el que lo mandó a él. 13:17 Si estas cosas ustedes saben, bendecidos son si ustedes las hacen. 13:18a No sobre todos ustedes yo hablo; Yo mismo sé a quiénes escogí;

13:18b Pero, con el propósito de que la Escritura se cumpla, 'El que come mi pan levantó contra mí el talón suyo.' 13:19 Desde ahora yo les hablo a ustedes antes de que ocurra, con el propósito de que crean cuando ocurra, que yo mismo soy. 13:20 ¡Amén! ¡Amén! Yo les digo a ustedes, el que recibe a quien sea que yo mande, a mí me recibe, y el que a mí me recibe, recibe al que me mandó." 13:21 Después que Jesús dijo estas cosas, se turbó en espíritu y testificó y dijo, "¡Amén! ¡Amén! Yo les digo a ustedes que uno de entre ustedes me entregará." 13:22 Los estudiantes miraban unos a otros de manera perpleja sobre quién habla. 13:23 Se estaba reclinando uno de los estudiantes de él en el pecho de Jesús, a quién Jesús amaba; 13:24 Entonces Simón Pedro hace señas a este con el propósito de inquirir quién sería sobre quién habla. 13:25 Después de que aquel se reclinó así sobre el pecho de Jesús, dice a él, "Señor, ¿quién es?" 13:26 Respondió Jesús, "Aquel es a quien yo mismo mojaré un pedazo de pan y yo le daré a él." Entonces, después que mojó el pan, él le da a Judas, hijo de Simón Iscariote.

13:27–38

27 καὶ μετὰ τὸ ψωμίον τότε εἰσῆλθεν εἰς ἐκεῖνον ὁ Σατανᾶς. λέγει οὖν αὐτῷ ὁ Ἰησοῦς·

"Ὃ ποιεῖς ποίησον τάχιον.

28 τοῦτο δὲ οὐδεὶς ἔγνω τῶν ἀνακειμένων πρὸς τί εἶπεν αὐτῷ· 29 τινὲς γὰρ ἐδόκουν, ἐπεὶ τὸ γλωσ-σόκομον εἶχεν Ἰούδας, ὅτι λέγει αὐτῷ ὁ Ἰησοῦς· Ἀγόρασον ὧν χρείαν ἔχομεν εἰς τὴν ἑορτήν, ἢ τοῖς πτωχοῖς ἵνα τι δῷ.

30 λαβὼν οὖν τὸ ψωμίον ἐκεῖνος ἐξῆλθεν εὐθύς. ἦν δὲ νύξ.

31 Ὅτε οὖν ἐξῆλθεν λέγει Ἰησοῦς·

Νῦν ἐδοξάσθη ὁ υἱὸς τοῦ ἀνθρώπου, καὶ ὁ θεὸς ἐδοξάσθη ἐν αὐτῷ· 32 εἰ ὁ θεὸς ἐδοξάσθη ἐν αὐτῷ, καὶ ὁ θεὸς δοξάσει αὐτὸν ἐν αὐτῷ, καὶ εὐθὺς δοξάσει αὐτόν. 33 τεκνία, ἔτι μικρὸν μεθ' ὑμῶν εἰμι· ζητήσετέ με, καὶ καθὼς εἶπον τοῖς Ἰουδαίοις ὅτι Ὅπου ἐγὼ ὑπάγω ὑμεῖς οὐ δύνασθε ἐλθεῖν, καὶ ὑμῖν λέγω ἄρτι. 34 ἐντολὴν καινὴν δίδωμι ὑμῖν ἵνα ἀγαπᾶτε ἀλλήλους, καθὼς ἠγάπησα ὑμᾶς ἵνα καὶ ὑμεῖς ἀγαπᾶτε ἀλλήλους. 35 ἐν τούτῳ γνώσονται πάντες ὅτι ἐμοὶ μαθηταί ἐστε, ἐὰν ἀγάπην ἔχητε ἐν ἀλλήλοις.

36 Λέγει αὐτῷ Σίμων Πέτρος·

Κύριε, ποῦ ὑπάγεις;

ἀπεκρίθη Ἰησοῦς·

Ὅπου ὑπάγω οὐ δύνασαί μοι νῦν ἀκολουθῆσαι, ἀκολουθήσεις δὲ ὕστερον.

37 λέγει αὐτῷ ὁ Πέτρος·

Κύριε, διὰ τί οὐ δύναμαί σοι ἀκολουθῆσαι ἄρτι; τὴν ψυχήν μου ὑπὲρ σοῦ θήσω.

38 ἀποκρίνεται Ἰησοῦς·

Τὴν ψυχήν σου ὑπὲρ ἐμοῦ θήσεις;

ἀμὴν ἀμὴν λέγω σοι, οὐ μὴ ἀλέκτωρ φωνήσῃ ἕως οὗ ἀρνήσῃ με τρίς.

13:27 Y después del pan, entonces entró a aquel Satanás. Entonces dice a él Jesús, "Lo que tú haces, hazlo rápido." 13:28 Ahora, nadie de los que se reclinan supo esto, (esto es) por qué (razón) habló a él; 13:29 Pues algunos pensaban, Judas tenía la bolsa de dinero, porque Jesús le dice a él, "Compra lo que nosotros tenemos necesidad para la fiesta." O, para beneficio de los pobres, con el propósito de que él les dé algo. 13:30 Entonces, después que tomó el pedazo de pan, aquel se fue inmediatamente. Ahora, era de noche. 13:31 Entonces, cuando salió, les dice Jesús, "Ahora es glorificado el Hijo del Hombre, y Dios es glorificado en él; 13:32 Si Dios es glorificado en él, también Dios lo glorificará a él en él mismo, e inmediatamente lo glorificará a él. 13:33 Hijitos, todavía un poco estoy con ustedes; me buscarán, y justo como yo dije a los oficiales judíos 'Donde yo mismo voy, ustedes mismos no pueden ir,' también a ustedes yo les digo (eso) ahora. 13:34 Un mandamiento nuevo yo les doy a ustedes, que ustedes se amen unos a otros, de igual manera que yo les amé a ustedes, con el propósito de que también ustedes mismos se amen unos a otros. 13:35 En esto conocerán todos que mis estudiantes ustedes son, si tienen amor entre ustedes." 13:36 Le dice a él Simón Pedro, "Señor, ¿adónde vas?" Respondió Jesús, "Donde yo voy no puedes seguirme ahora, pero me seguirás después." 13:37 Le dice a él Pedro, "Señor, ¿a causa de qué no puedo seguirte a ti ahora? ¡La vida mía por ti daré!" 13:38 Respondió Jesús, "¿La vida tuya por mi darás? ¡Amén! ¡Amén! Yo te digo a ti, de seguro el gallo no cantará hasta que me niegues tres veces.

14:1 Que no se asuste el corazón de ustedes; confíen en Dios, también en mí mismo confíen. 14:2 En la casa del Padre mío hay muchos lugares de posada; y si no (fuera así), yo les diría a ustedes, porque yo voy a preparar un lugar para ustedes. 14:3 Y si yo fuera y yo preparara lugar para ustedes, otra vez yo vengo y les recibiré a ustedes a mí mismo, con el propósito de que donde yo mismo estoy, también ustedes mismos estén. 14:4 Y donde yo mismo voy, ustedes conocen el camino." 14:5 Le dice a él Tomas, "Señor, nosotros no conocemos dónde tú vas; ¿Cómo nosotros podemos saber el camino?" 14:6 Le dice a él Jesús, "Yo mismo soy el camino y la verdad y la vida; nadie viene al Padre excepto a través de mí mismo. 14:7 Si me hubieran conocido, también a mi Padre habrían conocido, desde ahora lo conocen a él y lo han visto a él." 14:8 Le dice a él Felipe, "Señor, muéstranos a nosotros el Padre, y es suficiente para nosotros."

14:9–22

**9** λέγει αὐτῷ ὁ Ἰησοῦς·

Τοσούτῳ χρόνῳ μεθ' ὑμῶν εἰμι καὶ οὐκ ἔγνωκάς με, Φίλιππε; ὁ ἑωρακὼς ἐμὲ ἑώρακεν τὸν πατέρα· πῶς σὺ λέγεις· Δεῖξον ἡμῖν τὸν πατέρα; **10** οὐ πιστεύεις ὅτι ἐγὼ ἐν τῷ πατρὶ καὶ ὁ πατὴρ ἐν ἐμοί ἐστιν; τὰ ῥήματα ἃ ἐγὼ λέγω ὑμῖν ἀπ' ἐμαυτοῦ οὐ λαλῶ, ὁ δὲ πατὴρ ἐν ἐμοὶ μένων ποιεῖ τὰ ἔργα αὐτοῦ. **11** πιστεύετέ μοι ὅτι ἐγὼ ἐν τῷ πατρὶ καὶ ὁ πατὴρ ἐν ἐμοί· εἰ δὲ μή, διὰ τὰ ἔργα αὐτὰ πιστεύετε. **12** ἀμὴν ἀμὴν λέγω ὑμῖν, ὁ πιστεύων εἰς ἐμὲ τὰ ἔργα ἃ ἐγὼ ποιῶ κἀκεῖνος ποιήσει, καὶ μείζονα τούτων ποιήσει, ὅτι ἐγὼ πρὸς τὸν πατέρα πορεύομαι· **13** καὶ ὅ τι ἂν αἰτήσητε ἐν τῷ ὀνόματί μου τοῦτο ποιήσω, ἵνα δοξασθῇ ὁ πατὴρ ἐν τῷ υἱῷ· **14** ἐάν τι αἰτήσητέ με ἐν τῷ ὀνόματί μου ἐγὼ ποιήσω. **15** Ἐὰν ἀγαπᾶτέ με, τὰς ἐντολὰς τὰς ἐμὰς τηρήσετε· **16** κἀγὼ ἐρωτήσω τὸν πατέρα καὶ ἄλλον παράκλητον δώσει ὑμῖν ἵνα ᾖ μεθ' ὑμῶν εἰς τὸν αἰῶνα, **17** τὸ πνεῦμα τῆς ἀληθείας, ὃ ὁ κόσμος οὐ δύναται λαβεῖν, ὅτι οὐ θεωρεῖ αὐτὸ οὐδὲ γινώσκει· ὑμεῖς γινώσκετε αὐτό, ὅτι παρ' ὑμῖν μένει καὶ ἐν ὑμῖν ἔσται. **18** Οὐκ ἀφήσω ὑμᾶς ὀρφανούς, ἔρχομαι πρὸς ὑμᾶς. **19** ἔτι μικρὸν καὶ ὁ κόσμος με οὐκέτι θεωρεῖ, ὑμεῖς δὲ θεωρεῖτέ με, ὅτι ἐγὼ ζῶ καὶ ὑμεῖς ζήσετε. **20** ἐν ἐκείνῃ τῇ ἡμέρᾳ γνώσεσθε ὑμεῖς ὅτι ἐγὼ ἐν τῷ πατρί μου καὶ ὑμεῖς ἐν ἐμοὶ κἀγὼ ἐν ὑμῖν. **21** ὁ ἔχων τὰς ἐντολάς μου καὶ τηρῶν αὐτὰς ἐκεῖνός ἐστιν ὁ ἀγαπῶν με·

ὁ δὲ ἀγαπῶν με ἀγαπηθήσεται ὑπὸ τοῦ πατρός μου, κἀγὼ ἀγαπήσω αὐτὸν καὶ ἐμφανίσω αὐτῷ ἐμαυτόν.

**22** λέγει αὐτῷ Ἰούδας, οὐχ ὁ Ἰσκαριώτης·

Κύριε, τί γέγονεν ὅτι ἡμῖν μέλλεις ἐμφανίζειν σεαυτὸν καὶ οὐχὶ τῷ κόσμῳ;

14:9 Le dice a él Jesús, "¿Qué mucho tiempo estoy con ustedes y no me has conocido, Felipe? (¡Sí!) El que me ha visto a mí, ha visto al Padre; ¿Cómo tú mismo dices, 'Muéstranos a nosotros al Padre'? 14:10 ¿Acaso no crees que yo (estoy) en el Padre y el Padre está en mí? (¡Sí!) Los dichos que yo mismo digo a ustedes, de mí no los hablo, sino del Padre que permanece en mí mismo, él hace las obras de él. 14:11 Crean en mí porque yo (estoy) en el Padre y el Padre (está) en mí; pero si no, a causa de las mismas obras, ¡crean! 14:12 ¡Amén! ¡Amén! Yo les digo a ustedes, el que cree en mí, las obras que yo mismo hago, aquellas hará, y más grande que estas hará, porque yo mismo al Padre voy. 14:13 Y lo que sea que alguien pidiera en el nombre mío, esto haré, con el propósito de que fuere glorificado el Padre en el Hijo; 14:14 Si alguien me pidiera en el nombre mío, yo mismo lo haré. 14:15 Si me aman a mí, los mandamientos míos guardarán; 14:16 Y yo mismo le pediré al Padre y él les dará otro Consolador a ustedes con el propósito de que estuviera con ustedes para siempre, 14:17 el Espíritu de la verdad, a quien el mundo no puede recibir, porque no lo ve a él, y tampoco lo conoce; ustedes mismos lo conocen a él, porque con ustedes permanece y en medio de ustedes estará. 14:18 Yo no les abandonaré a ustedes como huérfanos, yo estoy viniendo a ustedes. 14:19 Todavía un poco y el mundo ya no me ve, pero ustedes mismos me ven, porque yo mismo vivo, también ustedes mismos vivirán. 14:20 En aquel día ustedes mismos sabrán que yo (estoy) en el Padre mío y ustedes (están) en mí, y yo (estoy) en medio de ustedes. 14:21 El que tiene los mandamientos míos y los guarda, aquél es el que me ama a mí; y el que me ama a mí, será amado por el Padre mío, y yo mismo lo amaré a él y me manifestaré a él." 14:22 Le dice a él Judas (no Iscariote), "Señor, ¿Qué ha pasado que vas a revelarte a nosotros a ti mismo y no al mundo?"

23 ἀπεκρίθη Ἰησοῦς καὶ εἶπεν αὐτῷ·

Ἐάν τις ἀγαπᾷ με τὸν λόγον μου τηρήσει, καὶ ὁ πατήρ μου ἀγαπήσει αὐτόν, καὶ πρὸς αὐτὸν ἐλευσόμεθα καὶ μονὴν παρ' αὐτῷ ποιησόμεθα. 24 ὁ μὴ ἀγαπῶν με τοὺς λόγους μου οὐ τηρεῖ· καὶ ὁ λόγος ὃν ἀκούετε οὐκ ἔστιν ἐμὸς ἀλλὰ τοῦ πέμψαντός με πατρός. 25 Ταῦτα λελάληκα ὑμῖν παρ' ὑμῖν μένων· 26 ὁ δὲ παράκλητος, τὸ πνεῦμα τὸ ἅγιον ὃ πέμψει ὁ πατὴρ ἐν τῷ ὀνόματί μου, ἐκεῖνος ὑμᾶς διδάξει πάντα καὶ ὑπομνήσει ὑμᾶς πάντα ἃ εἶπον ὑμῖν. 27 εἰρήνην ἀφίημι ὑμῖν, εἰρήνην τὴν ἐμὴν δίδωμι ὑμῖν· οὐ καθὼς ὁ κόσμος δίδωσιν ἐγὼ δίδωμι ὑμῖν. μὴ ταρασσέσθω ὑμῶν ἡ καρδία μηδὲ δειλιάτω. 28 ἠκούσατε ὅτι ἐγὼ εἶπον ὑμῖν· Ὑπάγω καὶ ἔρχομαι πρὸς ὑμᾶς. εἰ ἠγαπᾶτέ με ἐχάρητε ἄν, ὅτι πορεύομαι πρὸς τὸν πατέρα, ὅτι ὁ πατὴρ μείζων μού ἐστιν. 29 καὶ νῦν εἴρηκα ὑμῖν πρὶν γενέσθαι, ἵνα ὅταν γένηται πιστεύσητε. 30 οὐκέτι πολλὰ λαλήσω μεθ' ὑμῶν, ἔρχεται γὰρ ὁ τοῦ κόσμου ἄρχων· καὶ ἐν ἐμοὶ οὐκ ἔχει οὐδέν, 31 ἀλλ' ἵνα γνῷ ὁ κόσμος ὅτι ἀγαπῶ τὸν πατέρα, καὶ καθὼς ἐνετείλατο μοι ὁ πατὴρ οὕτως ποιῶ. Ἐγείρεσθε, ἄγωμεν ἐντεῦθεν.

**Chapter 15**

15:1 Ἐγώ εἰμι ἡ ἄμπελος ἡ ἀληθινή, καὶ ὁ πατήρ μου ὁ γεωργός ἐστιν· 2 πᾶν κλῆμα ἐν ἐμοὶ μὴ φέρον καρπὸν αἴρει αὐτό, καὶ πᾶν τὸ καρπὸν φέρον καθαίρει αὐτὸ ἵνα καρπὸν πλείονα φέρῃ. 3 ἤδη ὑμεῖς καθαροί ἐστε διὰ τὸν λόγον ὃν λελάληκα ὑμῖν· 4 μείνατε ἐν ἐμοί, κἀγὼ ἐν ὑμῖν. καθὼς τὸ κλῆμα οὐ δύναται καρπὸν φέρειν ἀφ' ἑαυτοῦ ἐὰν μὴ μένῃ ἐν τῇ ἀμπέλῳ, οὕτως οὐδὲ ὑμεῖς ἐὰν μὴ ἐν ἐμοὶ μένητε. 5 ἐγώ εἰμι ἡ ἄμπελος, ὑμεῖς τὰ κλήματα. ὁ μένων ἐν ἐμοὶ κἀγὼ ἐν αὐτῷ οὗτος φέρει καρπὸν πολύν, ὅτι χωρὶς ἐμοῦ οὐ δύνασθε ποιεῖν οὐδέν. 6 ἐὰν μή τις μένῃ ἐν ἐμοί, ἐβλήθη ἔξω ὡς τὸ κλῆμα καὶ ἐξηράνθη, καὶ συνάγουσιν αὐτὰ καὶ εἰς τὸ πῦρ βάλλουσιν καὶ καίεται. 7 ἐὰν μείνητε ἐν ἐμοὶ καὶ τὰ ῥήματά μου ἐν ὑμῖν μείνῃ, ὃ ἐὰν θέλητε αἰτήσασθε καὶ γενήσεται ὑμῖν· 8 ἐν τούτῳ ἐδοξάσθη ὁ πατήρ μου ἵνα καρπὸν πολὺν φέρητε καὶ γένησθε ἐμοὶ μαθηταί. 9 καθὼς ἠγάπησέν με ὁ πατήρ, κἀγὼ ὑμᾶς ἠγάπησα, μείνατε ἐν τῇ ἀγάπῃ τῇ ἐμῇ. 10 ἐὰν τὰς ἐντολάς μου τηρήσητε, μενεῖτε ἐν τῇ ἀγάπῃ μου, καθὼς ἐγὼ τὰς ἐντολὰς τοῦ πατρός μου τετήρηκα καὶ μένω αὐτοῦ ἐν τῇ ἀγάπῃ. 11 ταῦτα λελάληκα ὑμῖν ἵνα ἡ χαρὰ ἡ ἐμὴ ἐν ὑμῖν ᾖ καὶ ἡ χαρὰ ὑμῶν πληρωθῇ. 12 Αὕτη ἐστὶν ἡ ἐντολὴ ἡ ἐμὴ ἵνα ἀγαπᾶτε ἀλλήλους καθὼς ἠγάπησα ὑμᾶς· 13 μείζονα ταύτης ἀγάπην οὐδεὶς ἔχει, ἵνα τις τὴν ψυχὴν αὐτοῦ θῇ ὑπὲρ τῶν φίλων αὐτοῦ. 14 ὑμεῖς φίλοι μού ἐστε ἐὰν ποιῆτε ἃ ἐγὼ ἐντέλλομαι ὑμῖν. 15 οὐκέτι λέγω ὑμᾶς δούλους, ὅτι ὁ δοῦλος οὐκ οἶδεν τί ποιεῖ αὐτοῦ ὁ κύριος· ὑμᾶς δὲ εἴρηκα φίλους, ὅτι πάντα ἃ ἤκουσα παρὰ τοῦ πατρός μου ἐγνώρισα ὑμῖν. 16 οὐχ ὑμεῖς με ἐξελέξασθε, ἀλλ' ἐγὼ ἐξελεξάμην ὑμᾶς, καὶ ἔθηκα ὑμᾶς ἵνα ὑμεῖς ὑπάγητε καὶ καρπὸν φέρητε καὶ ὁ καρπὸς ὑμῶν μένῃ, ἵνα ὅ τι ἂν αἰτήσητε τὸν πατέρα ἐν τῷ ὀνόματί μου δῷ ὑμῖν. 17 ταῦτα ἐντέλλομαι ὑμῖν ἵνα ἀγαπᾶτε ἀλλήλους.

14:23 Le respondió Jesús y dijo a él, "Si alguien me ama, la palabra mía guardará, y el Padre mío lo amará a él, y a él vendremos y un lugar de posada con él haremos. 14:24 El que no me ama, las palabras mías no guarda; y la palabra que ustedes escuchan no es mía, sino del que me mandó, (esto es) del Padre. 14:25 Estas cosas he dicho a ustedes mientras con ustedes estoy permaneciendo; 14:26 pero el Consolador, (esto es) el Espíritu Santo que el Padre mandará en el nombre mío, aquel ustedes les enseñará todas las cosas y les recordará a ustedes todas las cosas que yo les dije a ustedes. 14:27 La paz yo les dejo a ustedes, la paz mía yo les doy a ustedes; no así como el mundo da yo mismo (les) doy a ustedes. Que los corazones de ustedes no sean asustados, ni que tampoco sean acobardados. 14:28 Ustedes escucharon que yo mismo dije a ustedes, 'Yo voy y yo vengo a ustedes. Si me amaran a mí, se alegrarían, porque yo voy al Padre, porque el Padre más grande que yo es. 14:29 Y ahora yo he dicho (esto) a ustedes antes que ocurriera, con el propósito de que cuando ocurra, ustedes crean. 14:30 Ya no hablaré muchas cosas con ustedes, pues viene el gobernante del mundo, y en (contra) de mí no tiene nada, 14:31 pero, con el propósito de que el mundo sepa que yo amo al Padre, y así como el Padre me ordenó a mí, así yo hago. ¡Levántense! ¡Vayámonos de aquí! 15:1 Yo mismo soy la vid verdadera, y el Padre mío es el viñador. 15:2 Toda rama (que está) en mí (que) no está produciendo fruto se quita, y toda (rama) (que está) produciendo fruto (es) limpiada, con el propósito de que produzca mucho fruto. 15:3 Ya ustedes mismos son limpios a causa de la palabra que yo he hablado a ustedes. 15:4 Permanezcan en mí, y yo en ustedes. Así como la rama no puede producir fruto de sí mismo si no permanece en la vid, de esa manera tampoco ustedes, si no permanecen en mí. 15:5 Yo mismo soy la vid, ustedes (son) las ramas. El que permanece en mí y yo en él, este produce mucho fruto, porque fuera de mí no puede hacer nada. 15:6 Si alguien no permanece en mí, fue lanzado fuera como la rama y fue secado, y las recogen y al fuego las lanzan y es quemado. 15:7 Si permanecen en mí y los dichos míos permanecen en ustedes, pidan lo que quieran, y será para ustedes. 15:8 En esto es glorificado el Padre mío, con el propósito de que produzca mucho fruto y sean mis estudiantes. 15:9 De la manera como el Padre me amó, así también yo les amé a ustedes, permanezcan en el amor mío. 15:10 Si guardan mis mandamientos, permanecen en el amor mío, así como yo mismo he guardado los mandamientos del Padre mío y yo permanezco en su amor. 15:11 Estas cosas yo he hablado a ustedes con el propósito de que el gozo mío esté en ustedes y el gozo de ustedes se cumpla. 15:12 Este es el mandamiento mío, que se amen unos a otros así como yo les amé a ustedes. 15:13 Más grande que este amor nadie tiene, que alguien la vida de él entregue a favor de los amigos de él. 15:14 Ustedes amigos míos son si hacen lo que yo mismo les mando a ustedes. 15:15 Ya no les llamo a ustedes esclavos, porque el esclavo no sabe que hace su señor; pero yo les he llamado a ustedes amigos, porque todas las cosas que yo escuché del Padre mío di a conocer a ustedes. 15:16 Ustedes mismos no me escogieron, sino (que) yo mismo les escogí a ustedes y yo les puse a ustedes con el propósito de que ustedes vayan y produzcan fruto y el fruto de ustedes permanezca, con el propósito de que lo que sea que pidan al Padre en el nombre mío, él les dé a ustedes. 15:17 Estas cosas yo les mando a ustedes con el propósito de que se amen unos a otros.

**18** Εἰ ὁ κόσμος ὑμᾶς μισεῖ, γινώσκετε ὅτι ἐμὲ πρῶτον ὑμῶν μεμίσηκεν. **19** εἰ ἐκ τοῦ κόσμου ἦτε, ὁ κόσμος ἂν τὸ ἴδιον ἐφίλει· ὅτι δὲ ἐκ τοῦ κόσμου οὐκ ἐστέ, ἀλλ' ἐγὼ ἐξελεξάμην ὑμᾶς ἐκ τοῦ κόσμου, διὰ τοῦτο μισεῖ ὑμᾶς ὁ κόσμος. **20** μνημονεύετε τοῦ λόγου οὗ ἐγὼ εἶπον ὑμῖν· Οὐκ ἔστιν δοῦλος μείζων τοῦ κυρίου αὐτοῦ· εἰ ἐμὲ ἐδίωξαν, καὶ ὑμᾶς διώξουσιν· εἰ τὸν λόγον μου ἐτήρησαν, καὶ τὸν ὑμέτερον τηρήσουσιν. **21** ἀλλὰ ταῦτα πάντα ποιήσουσιν εἰς ὑμᾶς διὰ τὸ ὄνομά μου, ὅτι οὐκ οἴδασιν τὸν πέμψαντά με. **22** εἰ μὴ ἦλθον καὶ ἐλάλησα αὐτοῖς, ἁμαρτίαν οὐκ εἴχοσαν· νῦν δὲ πρόφασιν οὐκ ἔχουσιν περὶ τῆς ἁμαρτίας αὐτῶν. **23** ὁ ἐμὲ μισῶν καὶ τὸν πατέρα μου μισεῖ. **24** εἰ τὰ ἔργα μὴ ἐποίησα ἐν αὐτοῖς ἃ οὐδεὶς ἄλλος ἐποίησεν, ἁμαρτίαν οὐκ εἴχοσαν· νῦν δὲ καὶ ἑωράκασιν καὶ μεμισήκασιν καὶ ἐμὲ καὶ τὸν πατέρα μου. **25** ἀλλ' ἵνα πληρωθῇ ὁ λόγος ὁ ἐν τῷ νόμῳ αὐτῶν γεγραμμένος ὅτι Ἐμίσησάν με δωρεάν. **26** Ὅταν ἔλθῃ ὁ παράκλητος ὃν ἐγὼ πέμψω ὑμῖν παρὰ τοῦ πατρός, τὸ πνεῦμα τῆς ἀληθείας ὃ παρὰ τοῦ πατρὸς ἐκπορεύεται, ἐκεῖνος μαρτυρήσει περὶ ἐμοῦ· **27** καὶ ὑμεῖς δὲ μαρτυρεῖτε, ὅτι ἀπ' ἀρχῆς μετ' ἐμοῦ ἐστε.

## Chapter 16

**16:1** Ταῦτα λελάληκα ὑμῖν ἵνα μὴ σκανδαλισθῆτε. **2** ἀποσυναγώγους ποιήσουσιν ὑμᾶς· ἀλλ' ἔρχεται ὥρα ἵνα πᾶς ὁ ἀποκτείνας ὑμᾶς δόξῃ λατρείαν προσφέρειν τῷ θεῷ. **3** καὶ ταῦτα ποιήσουσιν ὅτι οὐκ ἔγνωσαν τὸν πατέρα οὐδὲ ἐμέ. **4** ἀλλὰ ταῦτα λελάληκα ὑμῖν ἵνα ὅταν ἔλθῃ ἡ ὥρα αὐτῶν μνημονεύητε ⌜αὐτῶν⌝ ὅτι ἐγὼ εἶπον ὑμῖν. Ταῦτα δὲ ὑμῖν ἐξ ἀρχῆς οὐκ εἶπον, ὅτι μεθ' ὑμῶν ἤμην. **5** νῦν δὲ ὑπάγω πρὸς τὸν πέμψαντά με καὶ οὐδεὶς ἐξ ὑμῶν ἐρωτᾷ με· Ποῦ ὑπάγεις; **6** ἀλλ' ὅτι ταῦτα λελάληκα ὑμῖν ἡ λύπη πεπλήρωκεν ὑμῶν τὴν καρδίαν. **7** ἀλλ' ἐγὼ τὴν ἀλήθειαν λέγω ὑμῖν, συμφέρει ὑμῖν ἵνα ἐγὼ ἀπέλθω. ἐὰν γὰρ μὴ ἀπέλθω, ὁ παράκλητος οὐ μὴ ἔλθῃ πρὸς ὑμᾶς· ἐὰν δὲ πορευθῶ, πέμψω αὐτὸν πρὸς ὑμᾶς. **8** καὶ ἐλθὼν ἐκεῖνος ἐλέγξει τὸν κόσμον περὶ ἁμαρτίας καὶ περὶ δικαιοσύνης καὶ περὶ κρίσεως· **9** περὶ ἁμαρτίας μέν, ὅτι οὐ πιστεύουσιν εἰς ἐμέ· **10** περὶ δικαιοσύνης δέ, ὅτι πρὸς τὸν πατέρα ὑπάγω καὶ οὐκέτι θεωρεῖτέ με· **11** περὶ δὲ κρίσεως, ὅτι ὁ ἄρχων τοῦ κόσμου τούτου κέκριται. **12** Ἔτι πολλὰ ἔχω ὑμῖν λέγειν, ἀλλ' οὐ δύνασθε βαστάζειν ἄρτι· **13** ὅταν δὲ ἔλθῃ ἐκεῖνος, τὸ πνεῦμα τῆς ἀληθείας, ὁδηγήσει ὑμᾶς ἐν τῇ ἀληθείᾳ πάσῃ, οὐ γὰρ λαλήσει ἀφ' ἑαυτοῦ, ἀλλ' ὅσα ἀκούσει λαλήσει, καὶ τὰ ἐρχόμενα ἀναγγελεῖ ὑμῖν. **14** ἐκεῖνος ἐμὲ δοξάσει, ὅτι ἐκ τοῦ ἐμοῦ λήμψεται καὶ ἀναγγελεῖ ὑμῖν. **15** πάντα ὅσα ἔχει ὁ πατὴρ ἐμά ἐστιν· διὰ τοῦτο εἶπον ὅτι ἐκ τοῦ ἐμοῦ λαμβάνει καὶ ἀναγγελεῖ ὑμῖν. **16** Μικρὸν καὶ οὐκέτι θεωρεῖτέ με, καὶ πάλιν μικρὸν καὶ ὄψεσθέ με.

---

**15:18** Si el mundo a ustedes odia, sepan que a mí, primero que a ustedes, ha odiado. **15:19** Si del mundo fueran, el mundo seguramente a los suyos amaría; Pero, porque del mundo no son, sino (que) yo les escogí a ustedes del mundo, a causa de esto el mundo les odia a ustedes. **15:20** Recuerden la palabra que yo mismo les dije a ustedes, 'El esclavo no es más grande que el señor de él'; si a mí me persiguieron, también a ustedes les perseguirán; si la palabra mía guardaron, también la de ustedes guardarán. **15:21** Pero todas estas cosas (les) harán a ustedes por causa del nombre mío, porque no conocen al que me mandó. **15:22** Si yo no hubiera venido y hablado a ustedes, no tendrían pecado; pero ahora no tienen excusa por el pecado de ellos. **15:23** El que me odia, también al Padre mío odia. **15:24** Si no hubiera hecho las obras entre ellos que nadie más hizo, no tendrían pecado. Pero ahora han visto y también me han odiado, a mí y también al Padre mío. **15:25** Pero, (esto ocurrió) con el propósito de que se cumpla la palabra que en la ley de ellos ha sido escrita, 'Me odiaron sin causa.' **15:26** Cuando venga el Consolador, a quien yo mismo enviaré a ustedes del Padre, (esto es) el Espíritu de verdad, quien del Padre viene, aquél testificará acerca de mí; **15:27** Y ustedes mismos también testifican, porque desde el principio ustedes están conmigo. **16:1** Estas cosas he hablado a ustedes con el propósito de que no caigan en pecado. **16:2** Ellos les harán (ser) excomulgados de la sinagoga a ustedes, pero viene la hora que todo el que les mata a ustedes pensaría que trae culto a Dios. **16:3** Y estas cosas harán porque ellos no conocieron al Padre ni a mí. **16:4** Pero estas cosas yo he dicho a ustedes con el propósito de que cuando venga la hora de ellos, ustedes recuerden (lo) que yo mismo (les) dije a ustedes. Ahora, estas cosas a ustedes desde el principio yo no les dije, porque con ustedes yo estaba. **16:5** Pero, ahora yo voy al que me mandó y ninguno de ustedes me pregunta, ¿Dónde tú vas? **16:6** Pero, porque estas cosas he hablado a ustedes, la tristeza ha llenado el corazón de ustedes. **16:7** Pero, yo mismo les digo la verdad a ustedes, les conviene a ustedes que yo mismo me vaya. Pues, si yo no me fuera, el Consolador nunca jamás vendría a ustedes; pero si yo me fuera, yo lo mandaré a él a ustedes. **16:8** Y, cuando venga, aquel convencerá al mundo con respecto al pecado, con respecto a la justicia y con respecto al juicio; **16:9** Con respecto al pecado, por un lado, porque ellos no creen en mí; **16:10** Con respecto a la justicia, por otro lado, porque al Padre voy y ya no me ven; **16:11** Con respecto al juicio, por último, porque el gobernador de este mundo ha sido juzgado. **16:12** Yo todavía tengo muchas cosas para decir a ustedes, pero ustedes no pueden sobrellevarlo todavía. **16:13** Ahora, cuando venga aquel, (esto es) el Espíritu de verdad, él guiará a ustedes en toda verdad, pues él no hablará de sí mismo, sino cualquier (cosa que) escuchará, (esto) hablará, y él anunciará las cosas que vienen a ustedes. **16:14** Aquel me glorificará a mí, porque de lo mío recibirá y anunciará a ustedes. **16:15** Todo, lo que sea que el Padre tiene, mío es; a causa de esto yo dije que de lo mío él recibe y anunciará a ustedes. **16:16** Un poco (de tiempo) y ya no me observan, y otra vez un poco (de tiempo) y me verán."

17 εἶπαν οὖν ἐκ τῶν μαθητῶν αὐτοῦ πρὸς ἀλλήλους·

Τί ἐστιν τοῦτο ὃ λέγει ἡμῖν· Μικρὸν καὶ οὐ θεωρεῖτέ με, καὶ πάλιν μικρὸν καὶ ὄψεσθέ με; καί· Ὅτι ὑπάγω πρὸς τὸν πατέρα;

18 ἔλεγον οὖν·

Τί ἐστιν τοῦτο ὃ λέγει μικρόν;

οὐκ οἴδαμεν τί λαλεῖ.

19 ἔγνω Ἰησοῦς ὅτι ἤθελον αὐτὸν ἐρωτᾶν, καὶ εἶπεν αὐτοῖς·

Περὶ τούτου ζητεῖτε μετ' ἀλλήλων τι εἶπον· Μικρὸν καὶ οὐ θεωρεῖτέ με, καὶ πάλιν μικρὸν καὶ ὄψεσθέ με; 20 ἀμὴν ἀμὴν λέγω ὑμῖν ὅτι κλαύσετε καὶ θρηνήσετε ὑμεῖς, ὁ δὲ κόσμος χαρήσεται· ὑμεῖς λυπηθήσεσθε, ἀλλ' ἡ λύπη ὑμῶν εἰς χαρὰν γενήσεται. 21 ἡ γυνὴ ὅταν τίκτῃ λύπην ἔχει, ὅτι ἦλθεν ἡ ὥρα αὐτῆς· ὅταν δὲ γεννήσῃ τὸ παιδίον, οὐκέτι μνημονεύει τῆς θλίψεως διὰ τὴν χαρὰν ὅτι ἐγεννήθη ἄνθρωπος εἰς τὸν κόσμον. 22 καὶ ὑμεῖς οὖν νῦν μὲν λύπην ἔχετε· πάλιν δὲ ὄψομαι ὑμᾶς, καὶ χαρήσεται ὑμῶν ἡ καρδία, καὶ τὴν χαρὰν ὑμῶν οὐδεὶς αἴρει ἀφ' ὑμῶν. 23 καὶ ἐν ἐκείνῃ τῇ ἡμέρᾳ ἐμὲ οὐκ ἐρωτήσετε οὐδέν· ἀμὴν ἀμὴν λέγω ὑμῖν, ἄν τι αἰτήσητε τὸν πατέρα δώσει ὑμῖν ἐν τῷ ὀνόματί μου. 24 ἕως ἄρτι οὐκ ᾐτήσατε οὐδὲν ἐν τῷ ὀνόματί μου· αἰτεῖτε καὶ λήμψεσθε, ἵνα ἡ χαρὰ ὑμῶν ᾖ πεπληρωμένη. 25 Ταῦτα ἐν παροιμίαις λελάληκα ὑμῖν· ἔρχεται ὥρα ὅτε οὐκέτι ἐν παροιμίαις λαλήσω ὑμῖν ἀλλὰ παρρησίᾳ περὶ τοῦ πατρὸς ἀπαγγελῶ ὑμῖν. 26 ἐν ἐκείνῃ τῇ ἡμέρᾳ ἐν τῷ ὀνόματί μου αἰτήσεσθε, καὶ οὐ λέγω ὑμῖν ὅτι ἐγὼ ἐρωτήσω τὸν πατέρα περὶ ὑμῶν· 27 αὐτὸς γὰρ ὁ πατὴρ φιλεῖ ὑμᾶς, ὅτι ὑμεῖς ἐμὲ πεφιλήκατε καὶ πεπιστεύκατε ὅτι ἐγὼ παρὰ τοῦ θεοῦ ἐξῆλθον. 28 ἐξῆλθον ἐκ τοῦ πατρὸς καὶ ἐλήλυθα εἰς τὸν κόσμον· πάλιν ἀφίημι τὸν κόσμον καὶ πορεύομαι πρὸς τὸν πατέρα.

16:17 Entonces (algunos) de los estudiantes de él se dijeron unos a los otros, "¿Qué es esto que él dice a nosotros, 'Un poco (de tiempo) y no me observan, y otra vez un poco (de tiempo) y me verán' y 'Porque yo voy al Padre'?" 16:18 Entonces decían, "¿Qué es esto que él dice, 'un poco'? Nosotros no entendemos (lo) que habla." 16:19 Jesús supo que querían preguntar a él, y dijo a ellos, "Sobre esto, ¿ustedes buscan (respuestas) los unos con los otros lo que yo dije, 'Un poco (de tiempo) y no me ven, y otro poco (de tiempo) y me verán'? 16:20 ¡Amén! ¡Amén! Yo les digo a ustedes que ustedes mismos llorarán y lamentarán, y el mundo se alegrará; ustedes mismos se entristecerán, ¡pero la tristeza de ustedes en gozo se convertirá! 16:21 La mujer, cuando da a luz, tiene dolor, porque vino la hora de ella; pero cuando nace el niño ya nada recuerda de la aflicción por causa del gozo que una persona nació al mundo. 16:22 Entonces ustedes también ahora, por un lado, tienen dolor; por el otro lado, yo les veré otra vez a ustedes, y será alegrado el corazón de ustedes, y el gozo de ustedes nadie quita de ustedes. 16:23 Y en aquel día, a mí no me preguntarán nada; ¡Amén! ¡Amén! Yo les digo a ustedes, si le pidieren algo al Padre, él les dará a ustedes en el nombre mío. 16:24 Hasta ahora no pidieron nada en el nombre mío; pidan y recibirán, con el propósito de que el gozo de ustedes se haya completado. 16:25 Estas cosas en dichos las he hablado a ustedes; viene la hora cuando ya no hablaré en dichos a ustedes, sino proclamaré a ustedes claramente sobre el Padre. 16:26 En aquel día, en el nombre mío pedirán, y no digo a ustedes que yo mismo rogaré al Padre con respecto a ustedes. 16:27 Pues el Padre mismo les ama a ustedes, porque ustedes me han amado y han creído que yo mismo del Padre salí. 16:28 Yo salí del Padre y he venido al mundo; otra vez yo salgo (del) mundo y yo voy al Padre.

16:29–17:12

29 Λέγουσιν οἱ μαθηταὶ αὐτοῦ·

Ἴδε νῦν ἐν παρρησίᾳ λαλεῖς, καὶ παροιμίαν οὐδεμίαν λέγεις. 30 νῦν οἴδαμεν ὅτι οἶδας πάντα καὶ οὐ χρείαν ἔχεις ἵνα τίς σε ἐρωτᾷ· ἐν τούτῳ πιστεύομεν ὅτι ἀπὸ θεοῦ ἐξῆλθες.

31 ἀπεκρίθη αὐτοῖς Ἰησοῦς·

Ἄρτι πιστεύετε;

32 ἰδοὺ ἔρχεται ὥρα καὶ ἐλήλυθεν ἵνα σκορπισθῆτε ἕκαστος εἰς τὰ ἴδια κἀμὲ μόνον ἀφῆτε· καὶ οὐκ εἰμὶ μόνος, ὅτι ὁ πατὴρ μετ᾽ ἐμοῦ ἐστιν. 33 ταῦτα λελάληκα ὑμῖν ἵνα ἐν ἐμοὶ εἰρήνην ἔχητε· ἐν τῷ κόσμῳ θλῖψιν ἔχετε, ἀλλὰ θαρσεῖτε, ἐγὼ νενίκηκα τὸν κόσμον.

Chapter 17

17:1 Ταῦτα ἐλάλησεν Ἰησοῦς, καὶ ἐπάρας τοὺς ὀφθαλμοὺς αὐτοῦ εἰς τὸν οὐρανὸν εἶπεν·

Πάτερ, ἐλήλυθεν ἡ ὥρα· δόξασόν σου τὸν υἱόν, ἵνα ὁ υἱὸς δοξάσῃ σέ, 2 καθὼς ἔδωκας αὐτῷ ἐξουσίαν πάσης σαρκός, ἵνα πᾶν ὃ δέδωκας αὐτῷ δώσῃ αὐτοῖς ζωὴν αἰώνιον. 3 αὕτη δέ ἐστιν ἡ αἰώνιος ζωὴ ἵνα γινώσκωσι σὲ τὸν μόνον ἀληθινὸν θεὸν καὶ ὃν ἀπέστειλας Ἰησοῦν Χριστόν. 4 ἐγώ σε ἐδόξασα ἐπὶ τῆς γῆς, τὸ ἔργον τελειώσας ὃ δέδωκάς μοι ἵνα ποιήσω· 5 καὶ νῦν δόξασόν με σύ, πάτερ, παρὰ σεαυτῷ τῇ δόξῃ ᾗ εἶχον πρὸ τοῦ τὸν κόσμον εἶναι παρὰ σοί. 6 Ἐφανέρωσά σου τὸ ὄνομα τοῖς ἀνθρώποις οὓς ἔδωκάς μοι ἐκ τοῦ κόσμου. σοὶ ἦσαν κἀμοὶ αὐτοὺς ᶠἔδωκας, καὶ τὸν λόγον σου τετήρηκαν. 7 νῦν ἔγνωκαν ὅτι πάντα ὅσα δέδωκάς μοι παρὰ σοῦ εἰσιν· 8 ὅτι τὰ ῥήματα ἃ ἔδωκάς μοι δέδωκα αὐτοῖς, καὶ αὐτοὶ ἔλαβον καὶ ἔγνωσαν ἀληθῶς ὅτι παρὰ σοῦ ἐξῆλθον, καὶ ἐπίστευσαν ὅτι σύ με ἀπέστειλας. 9 ἐγὼ περὶ αὐτῶν ἐρωτῶ· οὐ περὶ τοῦ κόσμου ἐρωτῶ ἀλλὰ περὶ ὧν δέδωκάς μοι, ὅτι σοί εἰσιν, 10 καὶ τὰ ἐμὰ πάντα σά ἐστιν καὶ τὰ σὰ ἐμά, καὶ δεδόξασμαι ἐν αὐτοῖς. 11 καὶ οὐκέτι εἰμὶ ἐν τῷ κόσμῳ, καὶ αὐτοὶ ἐν τῷ κόσμῳ εἰσίν, κἀγὼ πρὸς σὲ ἔρχομαι. πάτερ ἅγιε, τήρησον αὐτοὺς ἐν τῷ ὀνόματί σου ᾧ δέδωκάς μοι, ἵνα ὦσιν ἓν καθὼς ἡμεῖς. 12 ὅτε ἤμην μετ᾽ αὐτῶν ἐγὼ ἐτήρουν αὐτοὺς ἐν τῷ ὀνόματί σου ᾧ δέδωκάς μοι, καὶ ἐφύλαξα, καὶ οὐδεὶς ἐξ αὐτῶν ἀπώλετο εἰ μὴ ὁ υἱὸς τῆς ἀπωλείας, ἵνα ἡ γραφὴ πληρωθῇ.

16:29 Le dicen los estudiantes de él, "¡Mira! Ahora en claridad tú hablas, y en nada dices dichos. 16:30 Ahora nosotros sabemos que tú sabes todas las cosas y tú no tienes necesidad que alguien te haga preguntas; en esto nosotros sabemos que de Dios saliste." 16:31 Respondió a ellos Jesús, "¿Ahora ustedes creen? 16:32 ¡Mira! Viene la hora y ha venido que se esparzan cada uno a su propio (lado), y yo quede solo; y no estoy solo, porque el Padre está conmigo. 16:33 Estas cosas he hablado a ustedes con el propósito de que en mí mismo tengan paz; en el mundo tienen aflicción, pero sean valientes, ¡yo mismo he vencido al mundo!" 17:1 Estas cosas habló Jesús, y cuando levantó los ojos de él al cielo, dijo, "Padre, ha llegado la hora; glorifica a tu Hijo, con el propósito que el Hijo te glorifique a ti, 17:2 Así como tú (le) diste a él autoridad sobre toda carne, con el propósito de que toda (persona) que (le) has dado a él, él (le) dé a ellos vida eterna. 17:3 Ahora, esta es la vida eterna, que te conozcan a ti, el Único verdadero Dios, y a quien enviaste, a Jesús, el Ungido. 17:4 Yo mismo a ti glorifiqué sobre la tierra, cuando completé la obra que me has dado a mí para que yo hiciera; 17:5 Y ahora, glorifícame tú, Padre, con tu misma gloria que yo tenía contigo antes que fuese el mundo. 17:6 Yo revelé tu nombre a las personas quienes me diste a mí del mundo. Tuyos eran, y a mí me diste ellos, y la palabra tuya han guardado. 17:7 Ahora, han entendido que todas las cosas, cualquiera que sean que me has dado a mí, de parte tuya son. 17:8 Porque los dichos que me diste a mí yo he dado a ellos, ellos mismos recibieron y supieron verdaderamente que yo de ti salí, y creyeron que tú mismo me mandaste. 17:9 Yo mismo pido por ellos; yo no pido por el mundo, sino por quienes me has dado a mí, porque tuyos son, 17:10 Y todas mis cosas son tuyas, y las tuyas (son) mías, y yo he sido glorificado en ellos. 17:11 Y ya no estoy en el mundo, y ellos mismos en el mundo están, y yo mismo a ti voy. Padre Santo, guárdalos a ellos en el nombre tuyo, que me has dado a mí, con el propósito de que ellos sean uno, como nosotros (somos uno). 17:12 Cuando yo estaba con ellos yo mismo les protegía a ellos en el nombre tuyo que me has dado a mí, y yo (los) protegí, y ninguno de entre ellos se perdió, excepto el hijo de la perdición, con el propósito de que la Escritura se cumpliera.

13 νῦν δὲ πρὸς σὲ ἔρχομαι, καὶ ταῦτα λαλῶ ἐν τῷ κόσμῳ ἵνα ἔχωσιν τὴν χαρὰν τὴν ἐμὴν πεπληρωμένην ἐν ἑαυτοῖς. 14 ἐγὼ δέδωκα αὐτοῖς τὸν λόγον σου, καὶ ὁ κόσμος ἐμίσησεν αὐτούς, ὅτι οὐκ εἰσὶν ἐκ τοῦ κόσμου καθὼς ἐγὼ οὐκ εἰμὶ ἐκ τοῦ κόσμου. 15 οὐκ ἐρωτῶ ἵνα ἄρῃς αὐτοὺς ἐκ τοῦ κόσμου ἀλλ' ἵνα τηρήσῃς αὐτοὺς ἐκ τοῦ πονηροῦ. 16 ἐκ τοῦ κόσμου οὐκ εἰσὶν καθὼς ἐγὼ οὐκ εἰμὶ ἐκ τοῦ κόσμου. 17 ἁγίασον αὐτοὺς ἐν τῇ ἀληθείᾳ· ὁ λόγος ὁ σὸς ἀλήθειά ἐστιν. 18 καθὼς ἐμὲ ἀπέστειλας εἰς τὸν κόσμον, κἀγὼ ἀπέστειλα αὐτοὺς εἰς τὸν κόσμον· 19 καὶ ὑπὲρ αὐτῶν ἐγὼ ἁγιάζω ἐμαυτόν, ἵνα ὦσιν καὶ αὐτοὶ ἡγιασμένοι ἐν ἀληθείᾳ.

20 Οὐ περὶ τούτων δὲ ἐρωτῶ μόνον, ἀλλὰ καὶ περὶ τῶν πιστευόντων διὰ τοῦ λόγου αὐτῶν εἰς ἐμέ, 21 ἵνα πάντες ἓν ὦσιν, καθὼς σύ, πάτερ, ἐν ἐμοὶ κἀγὼ ἐν σοί, ἵνα καὶ αὐτοὶ ἐν ἡμῖν ὦσιν, ἵνα ὁ κόσμος πιστεύῃ ὅτι σύ με ἀπέστειλας. 22 κἀγὼ τὴν δόξαν ἣν δέδωκάς μοι δέδωκα αὐτοῖς, ἵνα ὦσιν ἓν καθὼς ἡμεῖς ἕν, 23 ἐγὼ ἐν αὐτοῖς καὶ σὺ ἐν ἐμοί, ἵνα ὦσιν τετελειωμένοι εἰς ἕν, ἵνα γινώσκῃ ὁ κόσμος ὅτι σύ με ἀπέστειλας καὶ ἠγάπησας αὐτοὺς καθὼς ἐμὲ ἠγάπησας. 24 πάτερ, ὃ δέδωκάς μοι, θέλω ἵνα ὅπου εἰμὶ ἐγὼ κἀκεῖνοι ὦσιν μετ' ἐμοῦ, ἵνα θεωρῶσιν τὴν δόξαν τὴν ἐμὴν ἣν δέδωκάς μοι, ὅτι ἠγάπησάς με πρὸ καταβολῆς κόσμου. 25 Πάτερ δίκαιε, καὶ ὁ κόσμος σε οὐκ ἔγνω, ἐγὼ δέ σε ἔγνων, καὶ οὗτοι ἔγνωσαν ὅτι σύ με ἀπέστειλας, 26 καὶ ἐγνώρισα αὐτοῖς τὸ ὄνομά σου καὶ γνωρίσω, ἵνα ἡ ἀγάπη ἣν ἠγάπησάς με ἐν αὐτοῖς ᾖ κἀγὼ ἐν αὐτοῖς.

## Chapter 18

18:1 Ταῦτα εἰπὼν Ἰησοῦς ἐξῆλθεν σὺν τοῖς μαθηταῖς αὐτοῦ πέραν τοῦ χειμάρρου τοῦ Κεδρὼν ὅπου ἦν κῆπος, εἰς ὃν εἰσῆλθεν αὐτὸς καὶ οἱ μαθηταὶ αὐτοῦ.

2 ᾔδει δὲ καὶ Ἰούδας ὁ παραδιδοὺς αὐτὸν τὸν τόπον, ὅτι πολλάκις συνήχθη Ἰησοῦς ἐκεῖ μετὰ τῶν μαθητῶν αὐτοῦ. 3 ὁ οὖν Ἰούδας λαβὼν τὴν σπεῖραν καὶ ἐκ τῶν ἀρχιερέων καὶ ἐκ τῶν Φαρισαίων ὑπηρέτας ἔρχεται ἐκεῖ μετὰ φανῶν καὶ λαμπάδων καὶ ὅπλων.

17:13 Pero, ahora yo voy a ti, y estas cosas hablo en el mundo con el propósito de que tengan el gozo mío que ha sido completado en ellos. 17:14 Yo mismo he dado a ellos la palabra tuya, y el mundo les odió a ellos, porque ellos no son del mundo, así como yo mismo no soy del mundo. 17:15 Yo no (te) pido que los quites a ellos del mundo, sino que les guardes a ellos del maligno. 17:16 Del mundo no son, así como yo mismo no soy del mundo. 17:17 Santifícalos a ellos en la verdad; la palabra tuya es la verdad. 17:18 Así como a mí me enviaste al mundo, yo también (les) envié a ellos al mundo; 17:19 Y a favor de ellos yo mismo me santifico a mí mismo, con el propósito de que ellos también sean santificados en la verdad. 17:20 Pero yo no pido a favor de ellos solamente, sino también a favor de los que creen en mí a través de la palabra de ellos. 17:21 Con el propósito que todos sean uno, así como tú, Padre, (estás) en mí y yo (estoy) en ti, con el propósito de que también ellos estén en nosotros, con el propósito de que el mundo crea que tú mismo me enviaste. 17:22 Y yo, la gloria que tú me has dado a mí, yo (la) he dado a ellos, con el propósito de que sean uno, así como nosotros (somos) uno, 17:23 Yo en ellos y tú en mí, con el propósito de que sean perfeccionados en uno, con el propósito que el mundo sepa que tú mismo me mandaste y amaste a ellos, así como a mí me amaste. 17:24 Padre, a quien me has dado a mí, yo deseo que donde yo mismo estoy, también aquéllos estén conmigo, con el propósito de que vean la gloria mía que me has dado a mí, porque me amaste antes de la fundación del mundo. 17:25 Padre Justo, también el mundo no te conoció a ti, pero yo mismo te conocí a ti, y estos saben que tú mismo me mandaste, 17:26 Y yo revelé a ellos el nombre tuyo y yo lo revelaré, con el propósito de que el amor (con) que me amaste esté en ellos, y yo en ellos." 18:1 Después que Jesús dijo estas cosas, salió con los estudiantes de él al otro lado del torrente del Quedrón, donde había un jardín, al cual él mismo entró, y los estudiantes de él. 18:2 Ahora, Judas, el que lo traiciona a él, también había conocido el lugar, porque muchas veces se reunió Jesús ahí con los estudiantes de él. 18:3 Entonces, después que Judas tomó un batallón (romano), y guardias de los oficiales de los sacerdotes y de los fariseos, él viene ahí con lámparas y antorchas y armas.

18:4–10

18:4 Entonces Jesús, después que ha sabido todas las cosas que vienen sobre él, salió y dice a ellos, "¿A quién buscan ustedes?" 18:5 Respondieron a él, "A Jesús Nazareno." Le dice a ellos, "Yo mismo soy." Ahora, estaba parado también Judas, el que lo traiciona a él, con ellos. 18:6 Entonces, cuando él le dijo a ellos, "Yo mismo soy," se fueron hacia atrás y cayeron a tierra. 18:7 Entonces otra vez él preguntó a ellos, "¿A quién buscan ustedes?" Y ellos dijeron, "A Jesús Nazareno." 18:8 Respondió Jesús, "Yo les dije a ustedes que yo mismo soy; entonces si a mí me buscan, permitan a éstos irse." 18:9 Con el propósito de que se cumpla la palabra que dijo, "De los que me has dado a mí, no perdí de ellos ninguno." 18:10 Entonces Simón Pedro, teniendo una daga, la desenvainó e hirió a un esclavo de los sumos sacerdotes y le cortó su oreja derecha. Ahora, el nombre del esclavo era Malco.

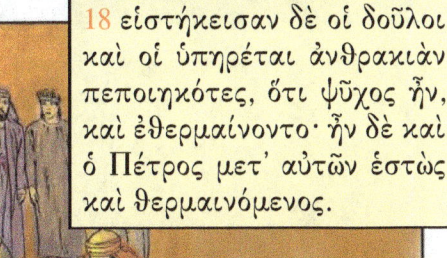

18:11 Entonces Jesús dijo a Pedro, "Pon la daga en la vaina. El vaso que me ha dado a mí el Padre, ¿Acaso no lo tomaré de ninguna manera? (¡Sí, lo tomaré!)" 18:12 Entonces el batallón (romano) y jefe militar y los oficiales de los oficiales judíos arrestaron a Jesús y lo ataron 18:13 y lo llevaron a Anás primero; pues era el suegro de Caifás, quien era el sumo sacerdote aquel año. 18:14 Ahora, Caifás era el que aconsejó a los oficiales judíos que conviene (que) una persona muera en lugar del pueblo. 18:15 Ahora, Simón Pedro seguía a Jesús, y otro estudiante (también seguía a Jesús). Pero aquel estudiante era conocido al sumo sacerdote y entró con Jesús al patio del sumo sacerdote, 18:16 Pero Pedro se paraba cerca la puerta afuera. Entonces el otro estudiante, el conocido del sumo sacerdote, salió afuera y habló a la portera y trajo a Pedro. 18:17 Entonces la esclava portera dice a Pedro, "¿Acaso no eres tú mismo también de los estudiantes de esta persona? (¡De seguro que no!)" Dice aquel, "Yo no soy." 18:18 Ahora, los esclavos y los oficiales se paraban después que hubieron hecho brasas, porque estaba frío y se calentaban; y Pedro también estaba con ellos, habiendo estado parado y calentándose.

18:19–27

19 Ὁ οὖν ἀρχιερεὺς ἠρώτησεν τὸν Ἰησοῦν περὶ τῶν μαθητῶν αὐτοῦ καὶ περὶ τῆς διδαχῆς αὐτοῦ. 20 ἀπεκρίθη αὐτῷ Ἰησοῦς·

Ἐγὼ παρρησίᾳ λελάληκα τῷ κόσμῳ· ἐγὼ πάντοτε ἐδίδαξα ἐν συναγωγῇ καὶ ἐν τῷ ἱερῷ, ὅπου πάντες οἱ Ἰουδαῖοι συνέρχονται, καὶ ἐν κρυπτῷ ἐλάλησα οὐδέν·

21 τί με ἐρωτᾷς; ἐρώτησον τοὺς ἀκηκοότας τί ἐλάλησα αὐτοῖς· ἴδε οὗτοι οἴδασιν ἃ εἶπον ἐγώ.

22 ταῦτα δὲ αὐτοῦ εἰπόντος εἷς παρεστηκὼς τῶν ὑπηρετῶν ἔδωκεν ῥάπισμα τῷ Ἰησοῦ εἰπών·

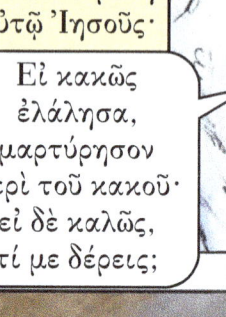

Οὕτως ἀποκρίνῃ τῷ ἀρχιερεῖ;

23 ἀπεκρίθη αὐτῷ Ἰησοῦς·

Εἰ κακῶς ἐλάλησα, μαρτύρησον περὶ τοῦ κακοῦ· εἰ δὲ καλῶς, τί με δέρεις;

24 ἀπέστειλεν οὖν αὐτὸν ὁ Ἅννας δεδεμένον πρὸς Καϊάφαν τὸν ἀρχιερέα.

25 Ἦν δὲ Σίμων Πέτρος ἑστὼς καὶ θερμαινόμενος. εἶπον οὖν αὐτῷ·

Μὴ καὶ σὺ ἐκ τῶν μαθητῶν αὐτοῦ εἶ;

ἠρνήσατο ἐκεῖνος καὶ εἶπεν·

Οὐκ εἰμί.

26 λέγει εἷς ἐκ τῶν δούλων τοῦ ἀρχιερέως, συγγενὴς ὢν οὗ ἀπέκοψεν Πέτρος τὸ ὠτίον·

Οὐκ ἐγώ σε εἶδον ἐν τῷ κήπῳ μετ' αὐτοῦ;

27 πάλιν οὖν ἠρνήσατο Πέτρος· καὶ εὐθέως ἀλέκτωρ ἐφώνησεν.

18:19 Entonces el sumo sacerdote le preguntó a Jesús sobre los estudiantes de él y sobre la enseñanza de él. 18:20 Respondió a él Jesús, "Yo mismo he hablado en abierto al mundo; Yo mismo enseñé en todo momento en la sinagoga y en el templo, donde todos los oficiales judíos se congregan, y en secreto yo dije nada. 18:21 ¿Por qué me interrogas? Pregúntale a los que han oído que dije a ellos; ¡Mira! Estos saben qué dije yo mismo." 18:22 Ahora, después que dijo estas cosas, uno de los guardias que se ha parado le dio una bofetada a Jesús, diciendo, "¿Así respondes al sumo sacerdote?" 18:23 Respondió a él Jesús, "Si mal hablé, testifica acerca de lo malo (que dije); pero si bien, ¿por qué me pegas? 18:24 Entonces Anás (lo) envió a él, después que ha sido atado, a Caifás, el sumo sacerdote. 18:25 Ahora, Simón Pedro estaba parado y calentándose, entonces le dijeron a él, "¿No eres tú mismo también de los estudiantes de él? (¡De seguro que no!)" Aquel negó y dijo, "Yo no soy." 18:26 Dice uno de los esclavos del sumo sacerdote, siendo relacionado a quien Pedro le cortó la oreja, "¿No te vi yo mismo en el jardín con él? (¡Sí, te vi!)" 18:27 Entonces otra vez Pedro negó, e inmediatamente un gallo cantó.

18:28 Entonces llevan a Jesús de Caifás al pretorio; ahora, era temprano, y ellos mismos no entraron al pretorio, con el propósito de no mancharse, sino (para poder) comer la Pascua. 18:29 Entonces Pilatos salió afuera, a ellos, y dice, "¿Qué acusación traen contra esta persona?" 18:30 Ellos respondieron y dijeron a él, "Si este no estaba haciendo mal, nosotros no lo habríamos traído a él a ti. 18:31 Entonces Pilatos dijo a ellos, "Ustedes mismos tómenlo a él, y de acuerdo a la ley de ustedes júzguenlo a él." Los oficiales judíos dijeron a él, "A nosotros no (nos) es permitido matar a nadie." 18:32 Con el propósito de que la palabra de Jesús se cumpla, quien dijo para dar a entender qué tipo de muerte estaba a punto de morir. 18:33 Entonces Pilatos entró otra vez al pretorio y llamó a Jesús y dijo a él, "¿Tú mismo eres el rey de los judíos?" 18:34 Respondió Jesús, "¿De ti mismo tú dices esto, u otros (te) hablaron a ti sobre mí?" 18:35 Respondió Pilatos, "¿Acaso yo mismo no soy un judío? (¡No!) La nación tuya y los sumos sacerdotes te entregaron a mí; ¿Qué hiciste?" 18:36 Respondió Jesús, "El reino mío no es de este mundo; si de este mundo fuera el reino mío, los sirvientes míos lucharían, con el propósito de que yo no sea entregado a los oficiales judíos; Pero ahora el reino mío no es de aquí." 18:37 Entonces dijo a él Pilatos, "¿Entonces, no eres tú mismo rey? (¡Seguramente sí!)"

18:37c–19:5

ἀπεκρίθη ὁ Ἰησοῦς·

Σὺ λέγεις ὅτι βασιλεύς εἰμι. ἐγὼ εἰς τοῦτο γεγέννημαι καὶ εἰς τοῦτο ἐλήλυθα εἰς τὸν κόσμον ἵνα μαρτυρήσω τῇ ἀληθείᾳ· πᾶς ὁ ὢν ἐκ τῆς ἀληθείας ἀκούει μου τῆς φωνῆς.

38 λέγει αὐτῷ ὁ Πιλᾶτος·

Τί ἐστιν ἀλήθεια;

Καὶ τοῦτο εἰπὼν πάλιν ἐξῆλθεν πρὸς τοὺς Ἰουδαίους, καὶ λέγει αὐτοῖς·

Ἐγὼ οὐδεμίαν εὑρίσκω ἐν αὐτῷ αἰτίαν· 39 ἔστιν δὲ συνήθεια ὑμῖν ἵνα ἕνα ἀπολύσω ὑμῖν ἐν τῷ πάσχα· βούλεσθε οὖν ἀπολύσω ὑμῖν τὸν βασιλέα τῶν Ἰουδαίων;

Μὴ τοῦτον ἀλλὰ τὸν Βαραββᾶν.

40 ἐκραύγασαν οὖν πάλιν λέγοντες·

ἦν δὲ ὁ Βαραββᾶς λῃστής.

**Chapter 19**

19:1 Τότε οὖν ἔλαβεν ὁ Πιλᾶτος τὸν Ἰησοῦν καὶ ἐμαστίγωσεν.

2 καὶ οἱ στρατιῶται πλέξαντες στέφανον ἐξ ἀκανθῶν ἐπέθηκαν αὐτοῦ τῇ κεφαλῇ,

καὶ ἱμάτιον πορφυροῦν περιέβαλον αὐτόν, 3 καὶ ἤρχοντο πρὸς αὐτὸν καὶ ἔλεγον·

Χαῖρε, ὁ βασιλεὺς τῶν Ἰουδαίων·

4 καὶ ἐξῆλθεν πάλιν ἔξω ὁ Πιλᾶτος καὶ λέγει αὐτοῖς·

5 ἐξῆλθεν οὖν ὁ Ἰησοῦς ἔξω, φορῶν τὸν ἀκάνθινον στέφανον καὶ τὸ πορφυροῦν ἱμάτιον. καὶ λέγει αὐτοῖς·

Ἴδε ἄγω ὑμῖν αὐτὸν ἔξω, ἵνα γνῶτε ὅτι οὐδεμίαν αἰτίαν εὑρίσκω ἐν αὐτῷ.

Ἰδοὺ ὁ ἄνθρωπος.

καὶ ἐδίδοσαν αὐτῷ ῥαπίσματα.

Respondió Jesús, "Tú mismo dices que yo soy rey. Yo, para esto yo he nacido y para esto yo he venido al mundo, con el propósito de que yo testifique a la verdad; Todo el que es de la verdad escucha mi voz." 18:38 Dice a él Pilatos, "¿Qué es la verdad?" Y cuando dijo esto, otra vez salió a los oficiales judíos, y dice a ellos, "Yo mismo no encuentro ninguna causa en él (para acusarlo)." 18:39 Pero es costumbre para ustedes que yo libre uno para ustedes en la Pascua; Entonces, ¿desean que yo libre para ustedes al rey de los judíos? 18:40 Entonces clamaron otra vez diciendo, "¡No a este, sino a Barrabás!" Ahora, Barrabás era ladrón. 19:1 Entonces, en ese momento Pilatos tomó a Jesús y lo azotó. 19:2 Y los soldados, después que tejieron una corona hecha de espinas, la pusieron en su cabeza, y un manto púrpura pusieron (sobre) él, 19:3 y se acercaban a él y decían, "¡Salve, el rey de los judíos!" Y le daban a él bofetadas. 19:4 Y Pilatos salió otra vez afuera y dice a ellos, "¡Mira! Yo llevo para ustedes a él afuera, con el propósito de que sepan que yo no encuentro ninguna causa (para acusación) en él." 19:5 Entonces Jesús salió afuera, llevando la corona hecha de espinas y el manto púrpura. Y (Pilatos) dice a ellos, "¡Mira! La persona."

19:6 Entonces, cuando los sumos sacerdotes y los oficiales lo vieron a él, clamaron diciendo, "¡Crucifícalo! ¡Crucifícalo!" Dice a ellos Pilatos, "Tómenlo ustedes mismos a él y crucifíquenlo, pues yo mismo no encuentro en él causa (para crucificarlo)." 19:7 Respondieron a él los oficiales judíos, "Nosotros mismos tenemos una ley, y de acuerdo a la ley debe morir, porque Hijo de Dios a sí mismo se hizo." 19:8 Entonces cuando Pilatos escuchó esta palabra, se asustó aún más, 19:9 y entró al pretorio otra vez y dice a Jesús, "¿De dónde eres tú mismo?" Pero Jesús no dio respuesta a él. 19:10 Entonces Pilatos dice a él, "¿A mí tú no (me) hablas? ¿No sabes que yo tengo autoridad para librarte a ti y yo tengo autoridad para crucificarte a ti? (¡Sí!)" 19:11 Respondió a él Jesús, "No tendrías ninguna autoridad en contra de mí, excepto la que (te) ha sido dada de lo alto; a causa de esto el que me entregó a ti más grande pecado tiene." 19:12 De esto Pilato buscaba librarlo a él; pero los oficiales judíos clamaban diciendo, "Si a este libras, tú no eres amigo de César; todo el que se hace rey a sí mismo se opone a César." 19:13 Entonces Pilatos, después que escuchó estas palabras, llevó afuera a Jesús, y se sentó sobre el asiento del tribunal, (esto es) el lugar que se llama 'El Empedrado,' pero en hebreo 'Gabata.' 19:14 Ahora, era la preparación de la Pascua, la hora era como la sexta. Y dice a los oficiales judíos, "¡Mira! ¡El rey de ustedes!" 19:15a Entonces clamaron aquellos, "¡Sácalo! ¡Sácalo! ¡Crucifícalo a él!"

19:15b Pilatos dice a ellos, "¿Debería crucificar al rey de ustedes?" Respondieron los sumos sacerdotes, "¡Nosotros no tenemos rey excepto César!" 19:16 Entonces, en ese momento le entregó a ellos con el propósito de que sea crucificado. Entonces, tomaron a Jesús; 19:17 y cargando a su cruz, salió al (lugar) llamándose "Lugar del Cráneo," que se dice en hebreo, "Gólgota"; 19:18 donde lo crucificaron a él, y con él otros dos en este lado y en este (otro) lado, y al medio Jesús. 19:19 Ahora, Pilatos también escribió un rótulo y lo puso sobre la cruz; Y había sido escrito, "Jesús el Nazareno, el rey de los judíos." 19:20 Entonces, a este rótulo, muchos de los judíos leyeron, porque el lugar donde Jesús fue crucificado estaba cerca de la ciudad; y estaba escrito en hebreo, romano (latín), heleno (griego).

19:21 Entonces los sumos sacerdotes de los judíos decían a Pilatos, "No escribas 'El rey de los judíos,' sino que aquél dice 'Yo soy el rey de los judíos.'" 19:22 Respondió Pilatos, "Lo que yo he escrito, yo he escrito." 19:23 Entonces los soldados, cuando crucificaron a Jesús, tomaron los mantos de él e hicieron cuatro partes, para cada soldado una parte, y la túnica. Pero la túnica era sin costura, de la parte de arriba tejido en todas partes. 19:24 Entonces ellos dijeron unos a otros, "No la rasguemos (la túnica), sino echemos suertes por ella, de quién será;" con el propósito de que la Escritura se cumpliera, la que dice, "Dividieron los mantos míos entre sí, y sobre el manto mío echaron suertes." Entonces, los soldados de seguro hicieron estas cosas. 19:25 Ahora, se habían parado al lado de la cruz de Jesús la madre suya y la hermana de la madre de él, María, la (esposa) de Cleofás, y María, la Magdalena.

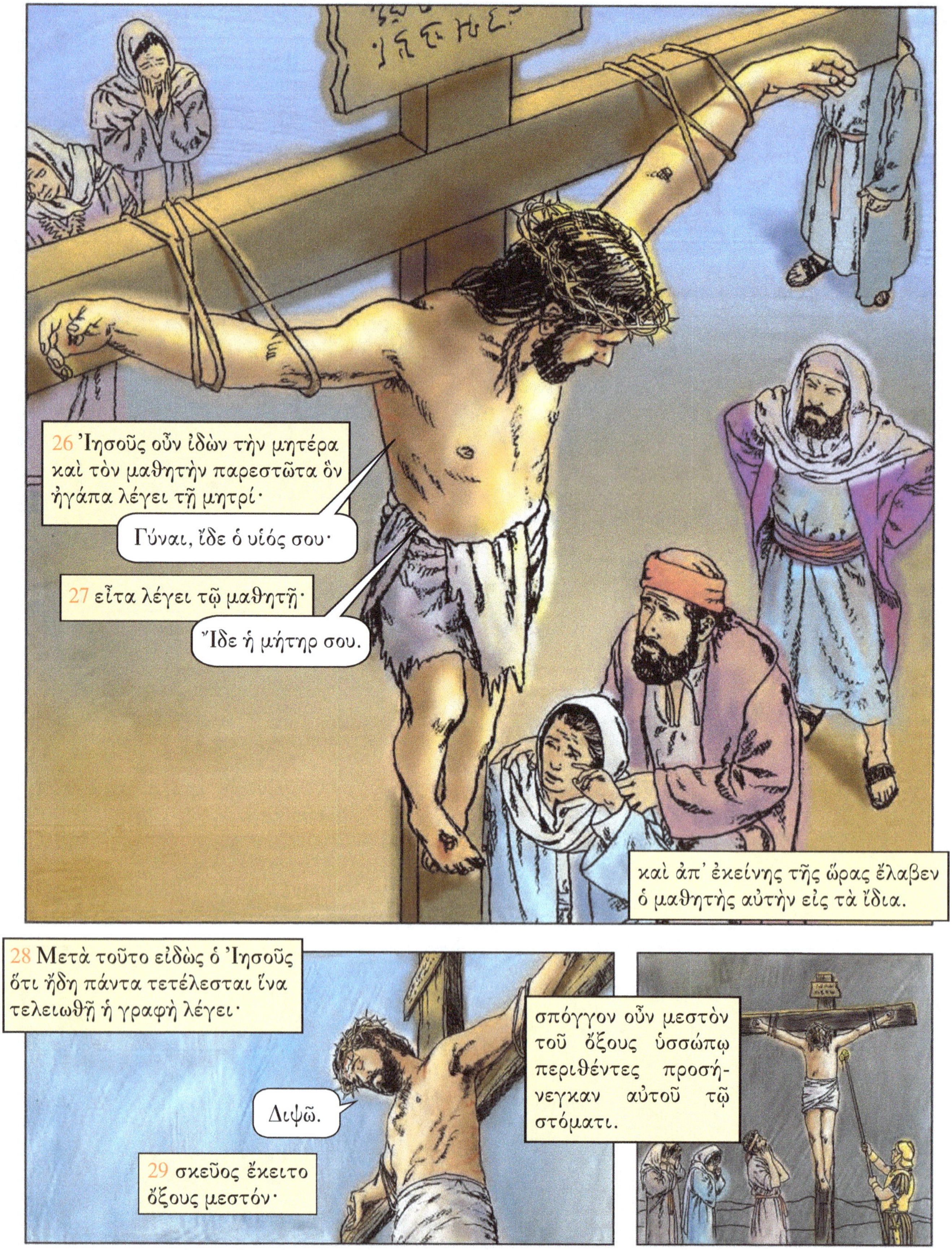

**30** ὅτε οὖν ἔλαβεν τὸ ὄξος ὁ Ἰησοῦς εἶπεν· Τετέλεσται, καὶ κλίνας τὴν κεφαλὴν παρέδωκεν τὸ πνεῦμα.

**31** Οἱ οὖν Ἰουδαῖοι, ἐπεὶ παρασκευὴ ἦν, ἵνα μὴ μείνῃ ἐπὶ τοῦ σταυροῦ τὰ σώματα ἐν τῷ σαββάτῳ, ἦν γὰρ μεγάλη ἡ ἡμέρα ἐκείνου τοῦ σαββάτου, ἠρώτησαν τὸν Πιλᾶτον ἵνα κατεαγῶσιν αὐτῶν τὰ σκέλη καὶ ἀρθῶσιν. **32** ἦλθον οὖν οἱ στρατιῶται, καὶ τοῦ μὲν πρώτου κατέαξαν τὰ σκέλη καὶ τοῦ ἄλλου τοῦ συσταυρωθέντος αὐτῷ· **33** ἐπὶ δὲ τὸν Ἰησοῦν ἐλθόντες, ὡς εἶδον ἤδη αὐτὸν τεθνηκότα, οὐ κατέαξαν αὐτοῦ τὰ σκέλη, **34** ἀλλ' εἷς τῶν στρατιωτῶν λόγχῃ αὐτοῦ τὴν πλευρὰν ἔνυξεν, καὶ ἐξῆλθεν εὐθὺς αἷμα καὶ ὕδωρ. **35** καὶ ὁ ἑωρακὼς μεμαρτύρηκεν, καὶ ἀληθινὴ αὐτοῦ ἐστιν ἡ μαρτυρία, καὶ ἐκεῖνος οἶδεν ὅτι ἀληθῆ λέγει, ἵνα καὶ ὑμεῖς πιστεύητε. **36** ἐγένετο γὰρ ταῦτα ἵνα ἡ γραφὴ πληρωθῇ·

Ὀστοῦν οὐ συντριβήσεται αὐτοῦ.

**37** καὶ πάλιν ἑτέρα γραφὴ λέγει·

Ὄψονται εἰς ὃν ἐξεκέντησαν.

19:30 Entonces cuando Jesús tomó el vino agrio, dijo, "Se ha cumplido." E inclinando la cabeza, entregó el espíritu. 19:31 Entonces los oficiales judíos, ya que era el día de la preparación, con el propósito de que no permaneciera sobre la cruz los cuerpos en el Shabbat, pues era grande aquel día de Shabbat, pidieron a Pilatos que rompiera sus piernas y los sacaran. 19:32 Entonces los soldados vinieron, y verdaderamente rompieron las piernas del primero y del otro que fue crucificado con él; 19:33 Pero, cuando a Jesús llegaron, después que vieron que ya había muerto, no rompieron sus piernas, 19:34 sino que uno de los soldados, con la lanza suya, punzó el costado, y salió inmediatamente sangre y agua. 19:35 Y el que ha visto, ha testificado, y verdadero es su testimonio, y aquel sabe que la verdad dice, con el propósito de que ustedes mismos crean. 19:36 Pues ocurrió estas cosas con el propósito de que la Escritura se cumpla, "Hueso de él no será quebrado." 19:37 Y otra vez otra Escritura dice, "Ellos verán a quien atravesaron."

19:38–20:2

38 Μετὰ δὲ ταῦτα ἠρώτησεν τὸν Πιλᾶτον Ἰωσὴφ ἀπὸ Ἁριμαθαίας, ὢν μαθητὴς τοῦ Ἰησοῦ κεκρυμμένος δὲ διὰ τὸν φόβον τῶν Ἰουδαίων, ἵνα ἄρῃ τὸ σῶμα τοῦ Ἰησοῦ· καὶ ἐπέτρεψεν ὁ Πιλᾶτος. ἦλθεν οὖν καὶ ἦρεν τὸ σῶμα αὐτοῦ.

39 ἦλθεν δὲ καὶ Νικόδημος, ὁ ἐλθὼν πρὸς αὐτὸν νυκτὸς τὸ πρῶτον, φέρων μίγμα σμύρνης καὶ ἀλόης ὡς λίτρας ἑκατόν. 40 ἔλαβον οὖν τὸ σῶμα τοῦ Ἰησοῦ καὶ ἔδησαν αὐτὸ ὀθονίοις μετὰ τῶν ἀρωμάτων, καθὼς ἔθος ἐστὶν τοῖς Ἰουδαίοις ἐνταφιάζειν.

41 ἦν δὲ ἐν τῷ τόπῳ ὅπου ἐσταυρώθη κῆπος, καὶ ἐν τῷ κήπῳ μνημεῖον καινόν, ἐν ᾧ οὐδέπω οὐδεὶς ἦν τεθειμένος· 42 ἐκεῖ οὖν διὰ τὴν παρασκευὴν τῶν Ἰουδαίων, ὅτι ἐγγὺς ἦν τὸ μνημεῖον, ἔθηκαν τὸν Ἰησοῦν.

## Chapter 20

20:1 Τῇ δὲ μιᾷ τῶν σαββάτων Μαρία ἡ Μαγδαληνὴ ἔρχεται πρωῒ σκοτίας ἔτι οὔσης εἰς τὸ μνημεῖον, καὶ βλέπει τὸν λίθον ἠρμένον ἐκ τοῦ μνημείου.

2 τρέχει οὖν καὶ ἔρχεται πρὸς Σίμωνα Πέτρον καὶ πρὸς τὸν ἄλλον μαθητὴν ὃν ἐφίλει ὁ Ἰησοῦς, καὶ λέγει αὐτοῖς·

Ἦραν τὸν κύριον ἐκ τοῦ μνημείου, καὶ οὐκ οἴδαμεν ποῦ ἔθηκαν αὐτόν.

19:38 Ahora, después de estas cosas, José de Arimatea, siendo un estudiante de Jesús, pero estando encubierto a causa del miedo a los oficiales judíos, pidió a Pilatos que él quitara el cuerpo de Jesús; y Pilatos lo permitió. Entonces vino y tomó el cuerpo de él. 19:39 Y vino también Nicodemo, el que vino a él de noche al principio, trayendo una mezcla de mirra y áloes, como cien libras. 19:40 Entonces tomaron el cuerpo de Jesús y lo envolvieron en lienzo con las especias aromáticas, así como es la costumbre para los judíos para preparar para el sepelio. 19:41 Ahora, en el lugar donde fue crucificado, había un jardín, y en el jardín un sepulcro nuevo, en el cuál todavía nadie había sido enterrado. 19:42 Ahí, entonces, a causa del día de la preparación de los judíos (porque cerca estaba la tumba), enterraron a Jesús. 20:1 Ahora, en el primer día de los Shabbat, María Magdalena va temprano, estando todavía oscuro, a la tumba, y ve la piedra que ha sido removida de la tumba. 20:2 Entonces, corre y va a Simón Pedro y al otro estudiante, a quien amaba Jesús, y le dice a ellos, "¡Sacaron al Señor de la tumba y no sabemos dónde lo pusieron a él!"

20:3–13b

3 ἐξῆλθεν οὖν ὁ Πέτρος καὶ ὁ ἄλλος μαθητής, καὶ ἤρχοντο εἰς τὸ μνημεῖον. 4 ἔτρεχον δὲ οἱ δύο ὁμοῦ· καὶ ὁ ἄλλος μαθητὴς προέδραμεν τάχιον τοῦ Πέτρου καὶ ἦλθεν πρῶτος εἰς τὸ μνημεῖον, 5 καὶ παρακύψας βλέπει κείμενα τὰ ὀθόνια, οὐ μέντοι εἰσῆλθεν.

6 ἔρχεται οὖν καὶ Σίμων Πέτρος ἀκολουθῶν αὐτῷ, καὶ εἰσῆλθεν εἰς τὸ μνημεῖον· καὶ θεωρεῖ τὰ ὀθόνια κείμενα,

7 καὶ τὸ σουδάριον, ὃ ἦν ἐπὶ τῆς κεφαλῆς αὐτοῦ, οὐ μετὰ τῶν ὀθονίων κείμενον ἀλλὰ χωρὶς ἐντετυλιγμένον εἰς ἕνα τόπον· 8 τότε οὖν εἰσῆλθεν καὶ ὁ ἄλλος μαθητὴς ὁ ἐλθὼν πρῶτος εἰς τὸ μνημεῖον, καὶ εἶδεν καὶ ἐπίστευσεν· 9 οὐδέπω γὰρ ᾔδεισαν τὴν γραφὴν ὅτι δεῖ αὐτὸν ἐκ νεκρῶν ἀναστῆναι.

10 ἀπῆλθον οὖν πάλιν πρὸς αὑτοὺς οἱ μαθηταί. 11 Μαρία δὲ εἱστήκει πρὸς τῷ μνημείῳ ἔξω κλαίουσα. ὡς οὖν ἔκλαιεν παρέκυψεν εἰς τὸ μνημεῖον, 12 καὶ θεωρεῖ δύο ἀγγέλους ἐν λευκοῖς καθεζομένους, ἕνα πρὸς τῇ κεφαλῇ καὶ ἕνα πρὸς τοῖς ποσίν, ὅπου ἔκειτο τὸ σῶμα τοῦ Ἰησοῦ.

13 καὶ λέγουσιν αὐτῇ ἐκεῖνοι·

Γύναι, τί κλαίεις;

20:3 Entonces salió Pedro, y el otro estudiante, y venían a la tumba. 20:4 Y los dos corrían juntos; y el otro estudiante corrió adelante más rápidamente que Pedro y llegó primero a la tumba, 20:5 y cuando se agachó, ve las vendas estando puestas (ahí), sin embargo, no entró. 20:6 Entonces viene también Simón Pedro siguiéndolo a él, y entró a la tumba; y ve las vendas estando puestas (ahí). 20:7 Y el sudario, el cuál estaba sobre la cabeza de él, no estaba puesto con los linos, sino que había estado doblada en un lugar. 20:8 Entonces, en ese momento también entró el otro estudiante, el que entró primero a la tumba, y vio y creyó. 20:9 Pues todavía no habían entendido la Escritura, que es necesario levantarlo de entre los muertos. 20:10 Entonces se fueron los estudiantes otra vez a sus (propios lugares). 20:11 Pero María se había parado cerca de la tumba, estando llorando fuera. Así que, mientras lloraba, se agachó para mirar en la tumba, 20:12 y ella ve a dos ángeles en (ropas) blancas estando sentados, uno a la cabeza y uno a los pies, donde se acostaba el cuerpo de Jesús. 20:13a-b Y aquellos dicen a ella, "Mujer, ¿por qué lloras?"

20:13c–18

20:13c Ella le dice a ellos, "Sacaron al Señor mío, y yo no sé dónde lo pusieron." 20:14 Después que dijo estas cosas, se dio vuelta al otro lado, y ve a Jesús estando parado, y no sabía que es Jesús. 20:15 Jesús le dice a ella, "Mujer, ¿por qué lloras? ¿A quién buscas?" Pensando que él es el jardinero, le dice a él, "Señor, si tú mismo lo llevaste a él, dime a mí dónde lo pusiste a él, y yo misma lo tomaré a él." 20:16 Jesús le dice a ella, "¡María!" Después de darse la vuelta, aquella le dijo a él en hebreo, "¡Rabbouni!" (Lo cual significa "Maestro.") 20:17 Jesús le dice a ella, "No me agarres, pues todavía no he subido al Padre; pero ve a los hermanos míos y diles a ellos, 'Yo subo al Padre mío y Padre de ustedes y Dios mío y Dios de ustedes." 20:18 María Magdalena va anunciando a los estudiantes, "¡Yo he visto al Señor!" Y estas cosas él (le) dijo a ella.

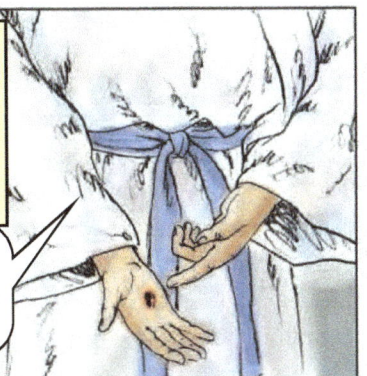

20:19 Entonces, siendo la tarde de aquel día, en el primero de los Shabbats, y estando cerradas las puertas donde estaban los estudiantes a causa del miedo de los oficiales judíos, Jesús vino y se paró en medio (de ellos), y dice a ellos, "¡Paz a ustedes!" 20:20 Y después que dijo esto, les mostró las manos y el costado a ellos. Entonces se regocijaron los estudiantes cuando vieron al Señor. 20:21 Entonces dijo a ellos Jesús otra vez, "¡Paz a ustedes! Así como el Padre me ha mandado a mí, yo también les envío a ustedes." 20:22 Y después que dijo esto, sopló y dice a ellos, "Reciban el Espíritu Santo." 20:23 "Si ustedes perdonaran los pecados de algunos, han sido perdonados a ellos; si les retienen (los) de algunos, han sido retenidos." 20:24 Ahora, Tomás, uno de los doce, el que se llama Dídimo, no estaba con ellos cuando Jesús vino. 20:25 Entonces los otros estudiantes decían a él, "¡Nosotros hemos visto al Señor!" Pero él les dijo a ellos, "Si yo no veo en las manos de él la marca de los clavos y pongo el dedo mío en la marca de los clavos y pongo mi mano en el costado de él, nunca jamás creeré." 20:26 Y después del octavo día, otra vez estaban adentro los estudiantes de él, y Tomás con ellos. Jesús viene, aunque las puertas han sido cerradas, y se paró en medio (de ellos) y dijo, "¡Paz a ustedes!"

20:27–21:3

20:27 Entonces le dice a Tomás, "Pon el dedo tuyo aquí y mira las manos mías, y pon la mano tuya y métela al costado mío, ¡y no seas un incrédulo, sino un creyente!" 20:28 Respondió Tomás y dijo a él, "¡Señor mío y Dios mío!" 20:29 Le dice a él Jesús, "¿Porque tú me has visto, tú has creído? Felices los que no vieron y, sin embargo, creyeron." 20:30 Entonces, por un lado, muchas otras señales también hizo Jesús en presencia de los estudiantes, las cuáles no han sido escritas en este libro; 20:31 pero por el otro lado, estas se han escrito con el propósito de que crean que Jesús es el Ungido, el Hijo de Dios, y que creyendo tengan vida en el nombre de él. 21:1 Después de estas cosas, Jesús se reveló a sí mismo otra vez a los estudiantes cerca del lago de Tiberias; y se reveló así. 21:2 Estaban juntos Simón Pedro y Tomás, el que se llama Dídimo, y Natanael, el de Caná de la Galilea, y los (hijos) de Zebedeo, y otros dos de los estudiantes de él. 21:3 Le dice a ellos Simón Pedro, "Yo voy a pescar." Ellos le dicen a él, "Vamos también nosotros contigo." Salieron y entraron al barco, y en aquella noche (no) atraparon nada.

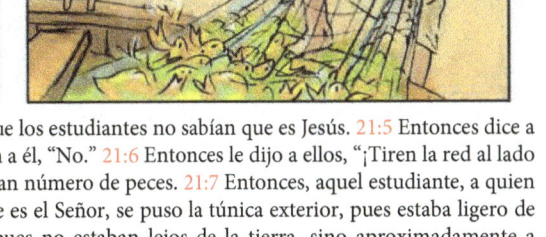

21:4 Ahora, ya después que vino la mañana (temprana), Jesús se paró en la costa, aunque los estudiantes no sabían que es Jesús. 21:5 Entonces dice a ellos Jesús, "Chicos, ¿acaso no tienen algunos (peces) para comer? (No.)" Respondieron a él, "No." 21:6 Entonces le dijo a ellos, "¡Tiren la red al lado derecho del barco, y encontrarán (algo)!" Entonces tiraron, y ya no podían halar del gran número de peces. 21:7 Entonces, aquel estudiante, a quien Jesús amaba, dice a Pedro, "¡Es el Señor!" Entonces Simón Pedro, cuando escuchó que es el Señor, se puso la túnica exterior, pues estaba ligero de ropa, y se tiró a sí mismo al lago; 21:8 Y los otros estudiantes vinieron al barco (pues no estaban lejos de la tierra, sino aproximadamente a doscientos cubitos de distancia), halando la red de peces. 21:9 Entonces, cuando salieron a tierra, ellos ven poniéndose carbón encendido y recostando el pez y el pan. 21:10 Le dice a ellos Jesús, "Traigan de los peces que atraparon ahorita." 21:11 Entonces subió Simón Pedro y haló la red a tierra, lleno de peces grandes, ciento cincuenta y tres; y, aunque había tantos, no se rasgó la red.

21:12–19a

21:12 Dice a ellos Jesús, "¡Vengan, coman desayuno!" Pero ninguno de los estudiantes se atrevía a preguntarle a él, "¿Tú, quién eres tú?" habiendo sabido que es el Señor. 21:13 Jesús viene y toma pan y da a ellos, y pez igualmente. 21:14 Ahora, ésta (es) la tercera vez que Jesús se reveló a los estudiantes después de que fue levantado de entre los muertos. 21:15 Entonces cuando comieron desayuno, le dice Jesús a Simón Pedro, "Simón, hijo de Juan, ¿tú me amas más que éstos?" Le dice a él, "Sí, Señor, tú mismo sabes que yo te quiero a ti." Le dice a él, "Cuida los corderos míos." 21:16 Le dice él otra vez, la segunda vez, "Simón, hijo de Juan, ¿tú me amas?" Le dice él, "Sí, Señor, tú mismo sabes que yo te quiero a ti." Le dice a él, "Pastorea las ovejas mías." 21:17 Le dice a él la tercera vez, "Simón, hijo de Juan, ¿tú me quieres a mí?" Pedro se entristeció porque él le dijo a él la tercera vez, '¿Tú me quieres?' Y dijo a él, "Señor, todas las cosas tú mismo sabes, tú mismo conoces que yo te quiero a ti." Le dice a él Jesús, "Cuida las ovejas mías. 21:18 ¡Amén! ¡Amén! Yo te digo a ti, cuando tú eras joven, te vestías a ti mismo y caminabas donde querías; pero cuando seas viejo, extenderás las manos tuyas, y otro a ti te vestirá y te llevará donde tú no quieres." 21:19a Ahora, esto dijo señalando con qué tipo de muerte glorificará a Dios.

21:20–25

21:19b Y después que dijo esto, dice a él, "Tú sígueme a mí." 21:20 Cuando Pedro se dio vuelta, él ve al estudiante a quien Jesús amaba siguiéndoles, quien también se recostó en la cena sobre el pecho de él, y dijo, 'Señor, ¿quién es el que te traiciona a ti?' 21:21 Entonces, después que vio a este, Pedro dice a Jesús, "Señor, ¿y este qué?" 21:22 Le dice a él Jesús, "Si yo deseo que él permanezca hasta que yo venga, ¿qué a ti? ¡Tú mismo sígueme a mí!" 21:23 Entonces salió esta palabra a los hermanos, que aquel estudiante no muere. Pero Jesús no dijo a él que no muere, sino 'Si yo deseo que él permanezca hasta que yo venga, ¿qué a ti?' 21:24 Este es el estudiante que testifica sobre estas cosas, y el que escribió estas cosas, y nosotros sabemos que verdadero es su testimonio. 21:25 Ahora, también hay muchas otras cosas que Jesús hizo, las cuáles, si fuesen escritas (una) después de una (más), yo pienso que ni aún el mundo mismo puede contener los libros que son escritos.

www.ingramcontent.com/pod-product-compliance
Lightning Source LLC
Chambersburg PA
CBHW081946230426
43669CB00019B/2943